Hayykitap - 298
Herkes İçin Tasavvuf - 27

Mevlana'dan Nefesler
Sinan Yağmur

Kapak: Latif Çetinkaya
Sayfa Tasarımı: Turgut Kasay

ISBN: 978-605-9841-03-0
1. Baskı: İstanbul, Nisan 2015

Baskı: Yıkılmazlar Basım Yay.
Prom. ve Kağıt San. Tic. Ltd. Şti.
Evren Mah. Gülbahar Cad. No: 62/C
Güneşli - İstanbul
Sertifika No: 11965
Tel: 0212 630 64 73

Hayykitap
Zeytinoğlu Cad. Şehit Erdoğan İban Sk.
No: 36 Akatlar Beşiktaş 34335 İstanbul
Tel: 0212 352 00 50 Faks: 0212 352 00 51
info@hayykitap.com
www.hayykitap.com
facebook.com/hayykitap
twitter.com/hayykitap
Sertifika No: 12408

MEVLANA'DAN NEFESLER

Sinan Yağmur

Sinan Yağmur

Sinan Yağmur, 1965 yılında Kapadokya ikliminde dünyaya gözlerini açtı. Üniversite eğitimini Konya da almaya başladığı yıldan itibaren Konya'da yaşamaktadır. Selçuk Üniversitesi İlahiyat Fakültesi'nden mezun olarak öğretmenlik mesleğini icra etmeye başladı. Eğitimin dört duvar arasında sınırlı kalmaması gerektiğine inandığından öğretmenlik mesleğine ara verdi. Daha büyük kitlelere ulaşmak adına edebiyat kokulu dili ile tarih anlayışını yaymak, sevgi tılsımını yüreklere üfleyerek hoşgörü ve insanlık bilincini oluşturmak için tüm dünya genelinde konferanslar vermektedir. 2010 Mayıs'ında yayınlanan *Aşkın Gözyaşları Tebrizli Şems* kitabı ile tanınmadan önceki 17 kitabını öğretmenlik yıllarında yayınladı. Onu son beş yılın en çok okunan yazarı yapan romanları şunlardır:

Aşkın Gözyaşları serisi
Aşkın Meali serisi
Aşk'a Yolculuk - Veysel Karani
Kerbelâ: Hz. Hüseyin
Aşkın 7 Hali - Bişnev
Hüzün Yanığı

Hayykitap'tan yayımlanan diğer kitapları şunlardır:
Tarihimi Çok Seviyorum
Barış Peygamberi Hz. Muhammed (s.a.v.)
16 Türk Devleti

www.sinanyagmur.com.tr

İÇİNDEKİLER

Giriş:
KİMDİR MEVLANA,
NEDİR MESNEVİ?

Ölümümüzden sonra mezarımızı yerde aramayınız!
Bizim mezarımız ariflerin gönüllerindedir...

HAZRETİ MEVLANA'NIN HAYATI

"Dünya malı, bedene tapanlara helaldir..."

Mevlana 30 Eylül 1207 yılında bugün Afganistan sınırları içerisinde yer alan Horasan yöresinde, Belh şehrinde doğmuştur. Mevlana'nın babası Belh şehrinin ileri gelenlerinden olup sağlığında Sultanü'l-Ulema yani "Bilginlerin Sultanı" unvanını almış olan Bahaeddin Veled'dir. Annesi ise Mümine Hatun'dur.

Bahaeddin Veled, bazı siyasi olaylar ve yaklaşmakta olan Moğol tehdidi nedeniyle Belh'ten ayrılmak zorunda kalmıştır. Sultan ül-Ulema'nın ilk durağı Nişabur olmuştur. Nişabur şehrinde tanınmış mutasavvıf Feridüddin Attar'la da karşılaşmıştır. Mevlana burada küçük yaşına rağmen Feridüddin Attar'ın ilgisini çekmiş ve takdirlerini kazanmıştır. Sultanü'l-Ulema, Nişabur'dan Bağdat'a ve daha sonra Kûfe yoluyla Kâbe'ye hareket etti. Hac farizasını yerine getirdikten sonra dönüşte Şam'a uğradı. Şam'dan sonra Malatya, Erzincan, Sivas, Kayseri, Niğde yoluyla Larende'ye (Karaman) geldi. Karaman'da Subaşı Emir Musa'nın yaptırdığı medreseye yerleşti.

1222 yılında Karaman'a gelen Sultan ül-Ulema ve ailesi burada yedi yıl kaldı. Mevlana 1225 yılında Şerefeddin

Lala'nın kızı Gevher Hatun'la Karaman'da evlendi. Bu evlilikten Mevlana'nın Sultan Veled ve Alaeddin Çelebi adında iki oğlu oldu. Yıllar sonra Gevher Hatun'u kaybeden Mevlana, tek çocuklu bir dul olan Kerra Hatun'la ikinci evliliğini yaptı. Mevlana'nın bu evlilikten de Muzaffereddin ve Emir Âlim Çelebi adlı iki oğlu ve Melike Hatun adlı bir kızı dünyaya geldi.

Bu yıllarda Anadolu'nun büyük bir kısmı Selçuklu Devleti'nin egemenliği altındaydı. Konya ise bu devletin başşehriydi. Konya sanat eserleriyle donatılmış, ilim adamları ve sanatkârlarla dolup taşmıştı. Kısaca Selçuklu Devleti en parlak devrini yaşıyordu ve devletin hükümdarı Alaeddin Keykubad'dı. Alaeddin Keykubad, Sultan ül-Ulema Bahaeddin Veled'i Karaman'dan Konya'ya davet etti ve Konya'ya yerleşmesini istedi. Mevlana'nın babası 12 Ocak 1231 yılında Konya'da vefat etti. Mezar yeri olarak Selçuklu Sarayı'nın Gül Bahçesi seçildi. Günümüzde müze olarak kullanılan Mevlana Dergâhı'na, bugünkü yerine defnedildi.

Sultan ül-Ulema ölünce talebeleri ve müritleri bu defa Mevlana'nın çevresinde toplandılar. Mevlana'yı babasının tek vârisi olarak gördüler. Gerçekten de Mevlana büyük bir ilim ve din bilgini olmuş, İplikçi Medresesi'nde vaazlar veriyordu. Medrese kendisini dinlemeye gelenlerle dolup taşıyordu.

Mevlana 15 Kasım 1244 yılında Şems-i Tebrizi'yle karşılaştı. Mevlana Şems'te "mutlak kemalin varlığını", cemalinde de "rabbani nurlarını" görmüştü. Ancak beraberlikleri uzun sürmedi. Şems aniden öldü. Mevlana, Şems'in ölümünden sonra uzun yıllar inzivaya çekildi. Daha sonraki yıllarda Selahaddin Zerkubi ve Hüsameddin Çelebi, Şems-i Tebrizi'nin yerini doldurmaya çalıştılar. Yaşamını, "Hamdım, piştim, yandım..." sözleriyle özetleyen Mevlana 17 Aralık 1273 Pazar günü Hakk'ın rahmetine kavuştu. Mevlana, ölüm gününü yeniden doğuş günü olarak kabul ediyordu. O öldüğü zaman sevdiğine, yani Allah'ına kavuşacaktı. Onun için Mevlana ölüm gününe düğün günü veya gelin gecesi manasına gelen "şebi arus" diyordu ve dostlarına vefatımın ardından ah vah edip ağlamayın diye vasiyet ediyordu.

Eserleri:
Mevlana'dan bütün insanlara miras kalan hazineler şunlardır:
1. Mecalis-i Seb'a
2. Divan-ı Kebir
3. Fih-i Mafih
4. Mektubat
5. Mesnevi

MANA DERYASI: MESNEVİ

"Her dil, gönlün perdesidir.
Perde kımıldadı mı, sırlara ulaşılır."

Tasavvuf sahasında en çok okunan ve kendisine en fazla şerh yazılan eserlerden biri, belki de birincisi olan Mesnevi, yurtiçinde ve yurtdışında defalarca basılmıştır. Mevlana, Mesnevi'de hiçbir konuyu sistematik olarak anlatmaz. Konular kendiliğinden birbirini açarak ilerler. Konular arasında anlatılan hikâyeler de bir yerde anlatılıp bitirilmez. Bir hikâye tamamlanmadan, çağrışım yapan başka bir hikâye anlatılmaya başlanır. Bu şekilde bir hikâye tamamlanana kadar, araya birçok hikâye, birçok konu girer.

Mevlana'nın çağrışım gücü çok yüksektir. Sahip olduğu birikim, bildiği diller, sosyal tecrübeleri, sanatçı ruhu, son derece akıcı bir zekâ ve tasavvuf terbiyesiyle pişmiş bir ruh bir araya geldiğinde, Mesnevi'de her konuda olağanüstü bir birikim ve sınırsız malzeme ortaya çıkar.

Mesnevi'yi muhteşem kılan özelliklerden birisi de, vezin kullanılarak manzum olarak yazılmasıdır. Nesir yoluyla bile anlatılması güç konuları o vezin ve kafiye kullanarak külfetsizce söylemiş ve yazdırmıştır. Mesnevi'nin her bahsinde Kuran kıssaları geçer. Birçok beyitlerinde ayet ve hadislerden lafzi ve manevi iktibaslar vardır. Bu bakımdan Mesnevi'ye "Mağz-ı Kuran" (Kuran'ın İçyüzü) diyenler tamamıyla haklıdır.

Kitaptaki hikâyelerin hepsinin Mevlana tarafından uydurulmuş olmasına da imkân yoktur. Mevlana fikrini açmak, meramını anlatmak için halk hikâyeleri ile atasözlerine de müracaat etmiştir. Hâlâ kullandığımız birçok atasözünü *Mesnevi*'de buluruz. Bu yüzden *Mesnevi* folklor bakımından da ehemmiyetlidir.

Mesnevi, baştan başa bir kültür âlemidir ve dünya eserleri arasında bu kitabın seçkin bir yeri vardır; tasavvufi eserler arasında ise bir benzeri yoktur.

Mesnevi-i Şerif, bütün Türk ülkelerinde en fazla okunan, yorumlanan, medreselere bir ders ve nasihat olarak girebilen, tekkelerde hayranlıkla dinlenen ve açıklanan bir temel eserdir. Mevlana'nın etkisi elbette sadece Anadolu'yla sınırlı kalmamış, bilhassa İran ve Hindistan sahalarında onun etkisi büyük olmuş; pek çok âlim, mutasavvıf ve edip başta *Mesnevi* olmak üzere eserleriyle ilgilenmişler, onlara değerli şerhler yazmışlardır.

Mesnevi, insanın kendini manevi bir varlık olarak görmesi, ahlaken tamamlanması, Allah'la yakınlaşması ve birleşmesi için hazırlanmış bir rehberdir. Bu kitap türlü müşküller içinde bunalan devrinin insanına ve asırlar sonra çağın buhranları içinde sıkışmış dünya insanına yol göstermiştir. Mevlana, *Mesnevi*'sine "Birlik Dükkânı" demekte, Mesnevi'yi, *"Mesnevi'miz, Birlik Dükkânı'dır; 'bir'den başka ne belirirse puttur..."* beytiyle övmektedir.

"Her varlık o dükkânda yoğrulup yapılmakta, orada sergilenmekte, satılmakta; orada yıpranıp, yine orada potaya girmekte, yenilenmekte. Sebepler sonuçları meydana getirmekte; sonuçlar, yine sebepler haline gelip başka sonuçlar belirmekte. Bu dükkânın bir ucu, dükkânı yapanın kudret elinde; öbür ucu, sonsuzluğa dek gitmekte ve yine o kudret eliyle sonu ön olmakta; her an yaratılmakta. Bu dükkânın alıcısı, satıcısının kendisidir..."

Bir aşk yüzünden elbisesi yırtılan, hırstan ayıptan *adamakıllı temizlendi.*

Gönül ehlinin ilimleri, *kendilerini taşır. Ten ehlinin ilimleriyse kendilerine yüktür. Gönlü vuran, adamı gönül ehli yapan ilim; insana fayda verir. Yalnız tene tesir eden, insanın malı olmayan ilim yükten ibarettir.*

Gönül aynası *saf olmalı ki orada çirkin suratı güzel surattan ayırt edebilesin.*

Âşıkların neşesi de odur, gamı da, hizmetlerine karşılık aldıkları ücret de! Âşık, sevgiliden başkasını seyre dalarsa bu, aşk değildir, aslı yok bir sevdadır.

Gönülden sözsüz, *işaretsiz, yazısız yüz binlerce tercüman zuhur eder.*

Dosta dostun *zahmeti ağır gelir mi? Zahmet; içtir, ruhtur. Dostluksa onun derisine benzer.*

Sobbet *vardır, keskin bir kılıca benzer, bostanı, ekini kış gibi kesip biçer; sohbet vardır, ilkbahar gibidir, her tarafı yapar, sayısız meyveler verir.*

Dünya sevgisi, *dünya geçimiyle savaşma yüzünden sana o ebedi azabı ehemmiyetsiz gösterir. Ölümü bile ehemmiyetsiz bir hale getirirse bunda şaşılacak ne var ki?*

Hile ve çare *diye "zindanı delip de çıkmaya" derler. Yoksa birisi zaten açılmış deliği kapatırsa yaptığı iş, soğuk ve ters bir iştir.*

"Ey Müslüman, edep nedir?" *diye sorarsan bil ki edep, ancak her edepsizin edepsizliğine sabır ve tahammül etmektir.*

MEVLANA'YI ANMAK YERİNE MEVLANACA ANLAMAK

"Kim beni olduğum gibi anlayabilir ki?"

Bi'l-cümle dünyanın Mevlanaca bir hayata en çok ihtiyaç duyduğu bir zamanda yaşıyor olmamız hasebiyle insanlık adına onu anlamak ve anlatmak noktasında üzerimize önemli bir görev düşmektedir. Lakin daha öncelikli görev, onu ilk olarak kendimizin anlamasıdır. Anlam ile lafız arasında münasebet olsa da, anlam sadece lafızla sınırlandırılamaz. O ve eserleri üzerine o kadar tez hazırlanmış olmasına rağmen, o kadar çok program yapıp, her yanı *Mesnevi*'den sözlerle süslemiş olmamıza rağmen, hatta her yılın aralık ayında "Şeb i Arus" törenleri her geçen yıl daha büyük kalabalıklarla kutlanıyor olmasına rağmen Hazreti Mevlana'yı ciddi manada anlayabilmiş değiliz. Anlamanın yolu ne o zaman? Veya başka bir ifadeyle, "Nasıl bir anlama?" Semazenleri izlemekten ya da *Mesnevi* okumaktan zevk alıyor olmamız Hazreti Mevlana'yı anlamamıza yetmiyor. Hatta aldığımız zevk oranında idrak edişimizin hatalarla dolu olduğunu söylesek abartmış olmayız. Hepimizin malumu olan, hoşgörünün adeta timsali haline gelen "Gel, gel ne olursan ol yine gel!"

Sözünü ele alalım. Ne anlıyoruz biz bu sözden? Ya da biz bu sözü nasıl anlattık dünyaya! Ya da aydınlarımız bize nasıl anlattı bu sözü? "Her insanı olduğu gibi kabullenmemiz gerekir..." dediler, biz de öyle kabul ettik, biz de toplum olarak öyle yaptık. Kim ne olursa olsun kucak açtık; ama ne gelenlerin hayatında, ne de bizim hayatımızda bir şey değişti. Peki, bu sözü söyleyerek devrini yeni baştan inşa eden Mevlana bu sözle sadece kabullenmeyi mi anlattı? Hayır! Biz birilerine, "Gel ne olursan ol gel!" derken, "Geldiğin gibi gitme!" demeyi unuttuk... Gelen de geldiği gibi gitmeyi düşünerek geldi ve hoşgörü diye sığındığımız mısra hayatımız için bir problem haline gelmeye başladı.

Gönül bir dergâh olacaksa, Mevlana'yı yeniden yorumlamak, daha doğrusu Mevlana'yı olduğu gibi anlamak, idrak etmek gerekiyor.

Mevlana'yı anlamak için Mevlana'nın yaşamını tüm boyutlarıyla bilmek gerekiyor. Onun gibi yeniden yollara düşmek gerekiyor. Yeni adımlar atmak gerekiyor. Gösterişten uzak, tamamen idrak etmeye, idrak ettirmeye yönelik adımlar olmalı atılacak adımlar. Loş ışıklar arasında dönen semazenlerle süslenmiş programlar göze hoş geliyor, belki manevi haz da veriyor ama Mevlana'yı anlamaya yetiyor mu? Mevlana'yı anlamak için belki de *Mesnevi* yeniden ele alınmalı.

Satır satır okunmalı, satır satır okutulmalı. Bu yönde yeni çalışmalar, yeni açılımlar yapılmalı. Mevlana'ya İranlılar da sahip çıkıyor. Ve biz ısrarla onu anlamak yerine onun bizden biri olduğunu kanıtlamaya çalışıyoruz. Oysa ona sahip çıkmak onu anlamak ve anlatmak değil midir? *"İnsanların savaşı, çocukların kavgasına benzer. Hepsi de anlamsız ve saçmadır. Sopa, mademki savaş ve kavga aletidir; ey kör, o sopayı kır, paramparça et! Ben iyiyle, kötüyle kavga edemem; kavgayla işim yok! Savaşmak şöyle dursun, gönlüm barışlardan bile ürkmekte."*

"Ol kişi eserleriyle tanınır anlaşılır..." düsturunca Hazreti Mevlana'yı bizlere bıraktığı ve içinin iç sesi olan eserleriyle tanımak zorundayız. Kuru kuruya, "Ben Mevlana'yı seviyorum..." sözüne sığınmadan buyurunuz eserlerindeki mana esintilerini tadabilmek için anlayış yolculuğuna hep birlikte çıkalım.

Birinci Bölüm:
MEVLANA'NIN ÖZÜ

"Canım bedenimde oldukça kul, köleyim,
Seçilmiş Muhammed'in (s.a.v.) yolunun toprağıyım.
Birisi sözlerimden bundan başka söz naklederse,
O kişiden de bezmişim ben, o sözden de."

AŞK

Aşk Duası

Lisanı ağızda olanı değil,
lisanı gönülde olanlara yâr et bizi...
Tebessümü simasında olana değil,
tebessümü gönülde olanlara kat bizi...
Aşkı tende sananı değil,
aşkı ruhunda can bilenlere arat bizi...
Ant olsun AŞK'a ki...
Gönül sayfamıza yazıldı.
Biz AŞK çocuklarıyız. AŞK bizim anamızdır.

❧

Bütün evren birbirine sevgiyle bağlanmıştır.
Sevgiyi paylaşmasını öğren, çünkü gönlün anlasın ki,
hepsine de yer varmış. Sevgisiz insandan kork...
Aşk, gönül işidir, zorunluluk değil...
Ateş yürek dergâhıdır, hamur teknesi değil...
Sevda seni terk etmeyene kadar aşkı tanıyamazsın, aşkı
tanıyamadan da sûfi olamazsın.

❧

Bana aşkı soruyorlar.
Aşkı öğrenmek mi istiyorsun?
Ben ol da bil. Âşıklar meclisine müptela ol.

O seslere kulağını tıkama. Beden kulağını sağır et. Gönül kulağını sağır etme. Ene'l-Hakk kelamını beden kulağıyla dinleyenler çölde serap görüp aldandılar. Gönül kulağıyla işitenler ah çekip ağlaştılar.

⸎

Aşk niçin acımasızdır? Başka sevgilerin yok olması için.

⸎

Aşk kalbi istila ve işgal edince, âşığın gözüne sevdiğinin dışındaki en güzel şeyleri bile çirkin gösterir.

⸎

Ben bir balığım, aşk ise daldığım bir derya...
Aşktan gözlerim yaşlı olsa da o derya gözyaşımı nereden bilir...
Başımı o deryadan çıkarayım desem.
Balığım ya, nefesim kesilir...
Gözyaşıdır ki yıkayarak yakar, yakarak yıkar. Arıtır ve eritir; temizler ve gizler...
Fazilettir...
Bu yüzden denilir ki gözyaşı yiğitler kârıdır.
Her yürek bu yiğitliği gösterip aşk için gözyaşı dökemez.
Aşkın kadar ağla ey gönül.

∞

Benim aşktan başka bir arkadaşım yoktu ve olmadı.
Ne dünyaya gelmeden önce, ne de daha sonra aşksız yaşadım.
Canım, içimden bana şöyle sesleniyor:
"Ey aşk yolunun olgun yolcusu, bana kapıyı aç!"

∞

Kendi evine geldin ey aşk!
Gir içeriye, hoş geldin, sefalar getirdin;
Gönlün kapısından gir de canın tapısına dek yürü!
Pencerenin önündeki zerrelere bak, havada ne güzel oynuyorlar;
Kimin kıblesi güneş olursa, namazı böyle olur onun.
Şu zerreler güneş ışığında sûfiler gibi sema edip duruyorlar;
Fakat hangi nağmeyle, hangi vuruşla, ne biçim bir sazla
sema ederler, kimsecikler bilmez!
Her gönülde bir başka nağme, bir başka vuruş;
Oynayan meydandadır da çalgıcılar sır gibi gizli.
Hepsinden üstün, bizim iç semamız, bütün zerrelerimiz
yüz çeşit nazla O'nun ışığında oynayıp durmada.

∞

Aşk mezhebinde herkes kurbandır. Kuran'dan, "Onlar
Allah'ı severler..." (Kuran, 5/54) sözünü okudun, bu söz
Allah da onları sever sözüyle eşanlamlıdır.

Âşık tövbe etti mi kork, çünkü âşık darağacında ders verir.

Âşıklar birbirini yaralarından tanır.
Şu misafir olduğumuz dünyada karşılıksız verebildiğimiz
tek alandır aşk.
Bunun için güzeldir, en güzelidir.
İstemeden vermek Allah'a mahsus.
Kullar arasında ise âşıklara,
"Halbuki aşk başka ne olsundu hayatın mazereti..."
diyen şair haklı.
İyi niyetleriyle hayatta başarılı olamayanlara bahşedilen
en büyük mazeret:
AŞK!

Âşıklar her an tutuşup yanar. Harap köyden vergi alınmaz.

Bir tane canım var ama, yüz bin bedenim.
Can neymiş?
Neymiş ki beden?

İşte ben'im.

Bir başkası var ya: İşte ben, ben!

O, beni sevsin diye bir başkası oldum kendim.

"Yan!" diyorum içime! Sadece sen yan!

Ve "Dayan!" diyorum gönlüme! Herkes mutlu olsun! Sen dayan!"

AŞK dediğin ya Allah'tan gelmeli...

Ya Allah için olmalı...

Ya da Allah'a ulaştırmalı.

Yoksa yerle bir olmalı!

❦

Aşkın kemâli canını cananına vermektir.

Sevdiği için can vermeyen sevgisinin noksanlığını itiraf etmelidir.

❦

El aldım aşktan, geldim dualarla.

Tut ve uçur beni toprak bilmeyen çınarların koynuna.

Sen yoksun ya şimdi avucumda biriktirdim hayalini, makam-ı sevdadır bu.

Evvel ve ahir sensizliğe yazdığım son vedadır bu.

Zülüflerin düşmüş geceye.

Sesin tuzaktır dinmeyen sızılarıma.

Bırak kalsın içimin kanayan sensizliği.

Dönme!

Seni Leyla bilip hangi çöle sığınsam hasretin biter diye korkar sabahlara gözümü açamazdım.

Bitme!

❧

Aşk, davaya benzer, cefa çekmek de şahide: Şahidin yoksa davayı kazanamazsın ki...

Sen diri oldukça ölü yıkayıcı seni yıkar mı hiç?

❧

Bülbül sanır ki gülden gelecek ab-ı hayattır.

Oysa bir katre küftür gülün gözyaşı.

Âşığa nasip olan o küftür, gülün yağı namert tene düşer.

Yan. Tutuş. Bekle ki siyah iplik beyaz iplikten ayrışsın.

Aşk o ayrışmanın renksizliğindedir.

Ben gemileri yakayım, sen beni yak.

Tufan gelse söndürmez sadr-ı narımızı.

❧

Âşıklara her an ölüm var; âşıkların ölümü tek çeşit değildir.

Âşık olduğun bir güzelin ruhu bedeninden ayrılınca onu niçin terk ediyorsun?

O sevdiğin şekil yerinde durmuyor mu?

Öyleyse ona karşı bu soğukluk neden meydana geldi?

Ey âşık, senin hakiki sevgilinin kim olduğunu düşün; ara da bul.

Âşıklar kuvvetli bir selin önüne düşmüş, onun takdirine razı olmuşlardır.

Her ibadeti bozmanın kefareti vardır; aşkın kefareti de nardır...

Bizi bizden başkası zaten ayıramazdı, bize bunu bizden başkası yapamazdı.

Ah be sevgili, hamdım belki, ama piştim, yandım. Zaten beni senden başkası yakamazdı...

Aşkla yanıp yakılmanın manevi zevki peygamberlerle velilere, utanmazlık ise sahtekârlara mahsustur.

Biz öyle mahlûklarız ki, bazen melekler insan yaratılmadıklarına üzülürler; bazen de şeytanlar bizden olmadıklarına şükrederler.
Sabır aşka kâr etmez. Sabırla aşk bir arada bulunamaz.
Akıl da âşığın derdine yetişemez, derman bulamaz.
Biz güzeliz sen de güzelleş, beze kendini. Bizim huyumuzla huylan,
Bize alış başkalarına değil...

Avlanmak istedik mi uçup gittiğimiz yer Kafdağı'dır.
Akbaba gibi leş avlamayız biz.
Bir köpeğin önüne bir çuval şeker koysan bile, onun gönlü yine leş peşindedir.
Şekerden ne anlar o?
Allah'la birleşmek demek, senin varlığının O'nunla birleşmesi demek değildir.
Senin yok olmandır.

Aşkla ölü dirilir, aşk şahları kul eder.
Bu aşk ilim ve irfanla olur, arif olmayan aşk tahtına nasıl oturabilir?

Aşkın sırrını gizlemek istedikçe o sancak gibi başını kaldırıp kendini gösterir.

Aşk altın değildir, saklanmaz.
Âşığın bütün sırları meydandadır...
Yeşillerden, çiçeklerden meydana gelen bahçe geçici,
Fakat akıllardan meydana gelen gül bahçesi hep yeşil ve güzeldir

Aşk denizi çömlek gibi kaynatır, dağı kum gibi ezer, gökyüzünü çatlatır, yeryüzünü sebepsiz titretir.

Ah ki aşkı şehvetin ağzında köleleştirenlere!
Daha ne olsun binlerce ah...
Ahlar olsun!
Ah ki hüsnü aşkı hüsran çöplüğüne dökenlere!
Ah ki yokuşları görmeden düzde diz çökenlere!
Ah ki aşkı günahlarla incitenlere.
Ah ki sevdayı özlem uykusunda kâbus görenlere!
Nelere niyetlendik.

Nelerden geçip gittik.
Hayallerimiz kirlenmeden önce.
Her şeyden vazgeçmeliydik.

Sevgiden, tortulu bulanık sular arı duru bir hale gelir.
Sevgiden, dertler şifa bulur.
Sevgiden, ölüler dirilir. Sevgiden, padişahlar kul olur.
Bu sevgi de bilgi neticesidir.

Sevgiyle bakan bir göz ayıp ve kusurları görmez.
Öfkeyle yuvasından oynayan göz bütün kötülükleri ortaya serer.

Aşkın fazileti insanın faziletini artırır.

Aşkı ne kadar güzel anlatırsam anlatayım,
Onun tesirini hissedince söylediklerimden mahcup olurum.
Dil ne kadar yüksek anlatıma sahip olursa olsun,
Söylenmeyen ve histe kalan aşk daha parlaktır.

Aşkın ve âşıklığın açıklamasını yine aşk söyler.
Güneşin delili yine güneştir.
Söz can güneşine gelince o zihinlere sığmaz.
Ne bir şeye benzer, ne bir hayalle canlandırılabilir.
Aklı başında olmayanların sözünde doğruluk arama.

Aşk mumu diğer mumlar gibi değildir.
O aydınlık içinde aydınlık,
Aydınlık için de aydınlıktır.

Aşkın tesiri insanın gözüne zümrüdü pırasa gibi değersiz
gösterir.
"Allah'tan başka tapılacak yoktur!" cümlesinin anlamı
budur.

Âşıkların gönüllerinin yanışı ile gözyaşları olmasaydı,
dünyada su da olmazdı, ateş de.
A kardeş, keskin kılıcın üzerine atılmadasın, tövbe ve
kulluk kalkanını almadan gitme.

Aşk insanı kör ve sağır eder.

Züleyha, Yusuf'a, "Ne kadar güzel gözlerin var!" dedi.
Yusuf ona, "Bu gözler mahşerde Rabb'imi nazar edecek!"
diye cevap verdi.
Ey insan, Yusuf gibi kuyuda dünyayı öğrenemediysen
dünyada mı dünyayı öğreneceksin?

Eğer ben ölürsem, ölümü alın, götürün, sevgilimin
kapısına bırakın.
Sevgilim eğer benim pörsümüş, çürümüş dudağımı öper de,
Ben o anda dirilirsem sakın şaşmayın.

Aşkın dert ve elemlerine sabırla dayanamayacak âşık
kanatsız kuşa döner. Yazık ona.

Sen yine sükûtu giyin! Dilersen hiç konuşma... Ben kelamlarımı çürüttüm yolunda, çarpsa da bir tokat gibi yüzüme, her harfi yoluna heceledim! Ve bilesin üstüne aşkı giydirdiğim bu yüreğe, ben söz verdim; hiçbir harfi, sensiz bir cümleye kurban etmedim.

Aşkı gizlemek, yün ve pamuk içinde ateşi gizlemek gibidir, gizlemek için pamuğu artırıldıkça alevi artar, daha fazla görünür.

Aşk kahredicidir.
Aşk acısıyla bal gibi tatlılaştım.
Ey kasırga, ben senin önünde bir yaprağım, nereye düşeceğimi ne bileyim?

Aşk, âşıkları iğne iplik gibi zayıflatır, maşukları yetirip güzelleştirir.

Âşık ölümde kurtulmayı arar.
Çünkü dostu görmek abıhayat suyu içmek gibidir.
Zaten görülmesi ölümden kurtuluş olmayan sevgili
sevgili değildir.
Onların ne yaprağı ne meyvesi olur.

Aşk bir denizdir, gökyüzü bu denizde bir köpük. Hiç
kimseyi kadınlarla bir yerde yalnız bırakmayınız, çünkü
erkekle kadın ateşle pamuğa benzer.

Bu aşk ateşi bizi pişirir, her gece harabata doğru çeker
götürür.
Başkası bizi bilmesin, görmesin, tanımasın diye,
Yalnız harabat erenleriyle bizi bir araya getirir, onlarla
beraber oturtur.

Biz aşkın âşığıyız.
Çünkü aşk kurtuluştur.
Can Hızır gibidir.

Aşk ise abıhayata benzer.

Aşk padişahından beratı olmayana yazıklar olsun!

Hayvanın, aşkı besleyen ruha gıda olan manevi tatlılıklardan,

Can şekerinden ne haberi olacak?

⮞⮜

Sevgilim!

Ne vakte kadar bize, uzaktan seyirci olacaksın?

Biz, çare bulucuyuz.

Aşk bizim çaresiz bir zavallımızdır.

Can kimdir?

Beşikte yatan âciz bir çocuğumuz.

Gönül kimdir?

Bir garip, avare konuğumuz.

⮞⮜

Aşk ateşi güzel seslerle kuvvet bulur.

⮞⮜

Âşık sevdiğine mektubu bir ak güvercin kanadında göndermeye kalksa; mektubun ateşli ifadesinden kuşun kanadı yanar.

Ben aşk ateşi isterim, kalbinde ateşi uyandırmaya çalış.
Ruhunda aşk ateşini parıldat, fikir ve sözlerini onunla yak.

Aşk bir denizdir, dibi görünmez, aşk kelimelere ve söze sığmaz.

Âşıkları aşk gözüyle gör.
Âşıkların gönüllerini fazla incitme.
Âşıkların defteri, dersi ve hocası sevgilinin yüzüdür.

Ömür tükendi ise Allah başka bir ömür verdi.
Geçici ömür kalmadıysa, şuracıkta tükenmeyen, ölümsüz ömür...
Aşk, hayat suyudur, bu suya dal!
Bu denizin her damlasında başka bir hayat, başka bir ömür var.

Âşığın altını onun sararmış yüzüdür.
Altın madenine güneş bakar, âşığın sararmış yüzü

Hakk'ın nazargâhıdır.

Güneş ışığının baktığı yer nerede, âlemleri yaratan Allah'ın baktığı yer nerede?

Felsefe şüpheyi artırır, hikmet inancı yükseltir.

Filozof olup sinsi süt emme. Âşık ol, agâh ol, arif ol hikmet iç.

Âşık ile şair aynı değildir.

Ozan halktan aldığını halka verir. Âşık ise Hakk'tan aldığını halka verir.

Aptalın sevgisi tıpkı ayının sevgisi gibidir. Onun kini de sevgisidir. Sevgisi de kinidir.

Âşık, bütün yıl sarhoş olmalıdır.

"Ayıplayan olur mu?" diye düşünmemelidir.

Âşık coşkun olmalı, deli divane olmalıdır.

Ayıkken her şeyin tasasını çeker, gamını yeriz.

Fakat iyi olunca, "Ne olursa olsun!" der işin içinden çıkarız.

Seninle birlikte olduğum zaman, sevgiden, dostluklar yüzünden uyuyamam.

Sensiz olduğum vakit de, inler dururum, üzüntüden gözümü kapayamam.

Şaşılacak şey...

Her iki gece de uyanığım, fakat bu iki uyanıklığın arasındaki farkı sen gör!

Âşığın kıblesi, Hak'tır.

Felsefi aklın kıblesi, hayal.

Dünya düşkünlerinin kıblesi, para; şekle tapanların, taş yontulardır.

Gönül sahiplerinin kıblesi iyilik ve lütuf, görünüşe tapanlarınki dilberlerin yüzüdür.

Âşığın kararsızlığı sevgilinin karar ve sebatındandır.

O dağ gibi nazla durdukça âşık yaprak gibi titrer.

Eş ne demek?

Misil, benzer; iyinin, kötünün misli.

❧

Güzel Allah'ın aşkının dışında isterse şeker yemek olsun,
Ne varsa can çekişmekten başka bir şey değildir.
Âşığın nabzı, edebe riayet etmez.

❧

Yazıklar olsun ki vakit geçti, bizse çılgın âşığız, deli divaneyiz.
Kıyısı belli olmayan bir denizdeyiz.
Bir gemiye binmişiz, gece, bulutlu bir gece,
Allah'ın denizinde Allah'ın lütfuyla, O'nun ihsan ettiği
güçle gemimize kumanda etmekteyiz.

❧

Bu dünya da seninle hoş, o dünya da.
Bu dünyada bensiz olma.
Bensiz gitme o dünyaya da...

❧

Peygamberimizin yolu aşktır.
Biz, aşkın evladıyız. Aşk, bizim anamızdır.
Ey ten çadırında gizlenen anamız,
Sen bizim hakikati örten, gerçeği göremeyen
tabiatımızdan, nefsimizdensin.

GÖNÜL

Ben gözlere görme, gönüllere sevme hissinin
ışığını tutuşturan
Allah Resulü'nün (s.a.v.) yolundayım.
Kandilim de onunla aydınlandı.
Ben o nur denizi dalgasının kurbanıyım.
Sen de orada meydana gelen bir incisin.
Bilen, duyan ve anlayan bir gönül;
Her dönen şeyi bir döndüren olduğunu nasıl bilmez?
Geceyle gündüz sahipsiz,
kendi kendine nasıl gelir gider?

❧

Gönül birliği dil birliğinden üstündür.

❧

Rüşvet alan para pul padişahı değiliz.
Paramparça olmuş gönül hırkalarını diker, yamarız biz.

❧

Gönül nehrinin suyu bulanmasın durulsun ki orada ay ve yıldızlar görünsün. İnsan derenin suyu gibidir, bulanık olursa dibini göremezsin.

Gönülde arzuyu yeşerten de isteğe kavuşturan da sabırdır.

Hakk'ın nuruyla nurlanma kabiliyeti olan gönül sahibinin canı, Hakk'ın sırlarıyla dolar.
Sakın benim etten, kemikten, deriden ibaret olan tenimi, O sırlardan habersiz tenler arasında sayma!
Çünkü bu ten, Hakk'ın ihsan ve lütuf denizine girdi, baştan başa lütuf ve ihsan kesildi.

Gönlünü boş heves ve arzulardan temizleyen, mana âlemiyle yücelerden haberdar olur.

Değil mi ki gönül mutfağında yemekler tabak tabak?
Peki ne diye aşağılık kişilerin mutfağına kâse tutacakmışım?

Görüntü yok olur, güzellik solar sona erer.
Mana ise ölümsüzdür.

Ete kemiğe takılma.
Et kemik hayvanlarda da var.
Sen gönül ehli ol.

∞

Bu ümmette beden çarpılması olmaz, gönül çarpıklığı olur.
Birinin gönlü çarpılarak maymun gönlüne döndü mü,
Bedeni de maymunun gönlünden daha aşağı olur.

∞

Aklını başına al, temiz bir gönül sahibinin sohbetiyle
kalbini besler.
Mana erlerinden ikbal ve saadet dile.

∞

Allah hastalığı tasa ve kederi gönül hoşluğunun hoşluğu
anlaşılsın diye yarattı.

∞

Binlerce gönül Hakk'a âşık olmuştur da;
Ya bir kem göz, ya da bir kötü söz o gönüllerin
yücelmelerine engel olmuştur.

Dert, dünya mülkünden daha değerlidir.
Çünkü bu vesileyle insan Allah'ı hatırlatıp, içten aman Rabbim der.
Dertsiz dua soğuk, dertli dua gönüldendir.

Ey gönül, ebedi kalmayacak mülkü bir rüya say.
Doğuyu batıyı zapt etsen, dünya saltanatına ersen de,
Bu saltanat devamlı kalmayacağına göre,
Sen onu çakıp sönen bir şimşek bil.

Gönül, güzeli görünce yüzü nasıl olur da ekşir?
Bülbül gülü görür de susar mı?

Ey seher rüzgârı!
Bize haber ver;
Sen geçtiğin yolda, o alev alev yanan, o ateş dolu, o sevda dolu gönlü gördün mü?
O gönül, yüzlerce yalçın kayayı, safi mermeri ateşiyle yaktı, eritti.

❧

Bir kimsenin ayağına diken batsa o ayağını dizinin üstüne kor.
İğnenin ucuyla dikenin başını arar;
Bulamazsa dikenin battığı yere parmağına tükürük alarak sürer.
Ayağa batan bir diken bu kadar güç bulunursa;
Gönüldeki diken nasıl bulunur?
Cevap verin!

❧

Gönüldeki dikeni herkes görebilseydi, insanlara gam, keder ve tasanın üstün gelmesi mümkün müydü?

❧

Akraba, dost ve aile fertlerinden görülen bir cefa başkalarının binlerce cefasından ağır gelir. Çünkü gönül, dost ve akrabadan sıkıntı ve cefa ummaz, can onların iyilik ve vefasına alışmıştır.

❧

Ey ahmak, yalancı akıl her şeyi ters görür.
Diriliği de ölüm sanır.

Yoksa ölen, dar bir kuyudan geniş bağlara bahçelere çıkmıştır.

Hiçbir ölü öldüğüne yanmaz.

Yanan, azığının azlığına yanar.

Aydınlık bir gönülle yaşamamışsan bari kalan iki nefeslik ömrünün kıymetini bil ve er gibi öl.

Gönül gözü açık olmayanlar sakaldan sarıktan başka bir şey görmezler.

Birinin ileri veya geri olduğunu, bilenlerden sorup öğrenirler.

Seni, kimseye muhtaç olmadan tek başına yaratan o eşsiz Rabbin,

Seni sevda içinde tek başına bırakmaz.

Kendi içine kapanıp hayaller, düşünceler meydana getirdiğin evde,

Yani senin gönül evinde, seni yalnız bırakmamak için,

Sana yüzlerce güzel yüzlü eş, dost belirtir.

❦

Bir maldan gönül rızasıyla ihtiyaç sahibine verilince
şeklen onun birazı gider;
Fakat verenin kalbine yüzlerce manevi hayat gelir.
Cenab-ı Hakk'ın tarlasına temiz ve sağlam tohumlar
saçılsın da ürün alınamasın.
Bunun imkânı var mı?

❦

Ey gönül, büyüklükte Sultan Süleyman gibisin.
Eğer şu varlık âleminde hilelere sapmazsan,
İsmin âlemi tutar ve iki cihan bedenin gibi senin itaatine girer.

❦

Sesin, gönlümüzün sesine, gönlümüzün huyuna uysun!
Gece gündüz neşelensin, söyledikçe söylesin.
Sesin yorulunca, biz de yoruluruz, hasta oluruz.
Sesin, kamış gibi sekerler çiğnesin, ballar yesin.

❦

Gönlünü Allah'a bağlamak gerek.
Gönlünde Hakk'a pencere açılan kimse manevi
olgunlukla her zerreden güneşi görür.

Gönül eri bir dervişi kıyafetten ibaret sanma.
Bu seni, çocukların cevizle kuru üzüme aldanışı gibi aldatır.
Bizim kalıbımız ceviz ve kuru üzüm gibidir.
Ona çocuklar düşkün olur.
Mert isen bu ikisinden geç.

Sevgilim, senin gönlün, inci ve mercan denizidir.
Sen, incileri, mercanları dağıtmaya, saçmaya bak!
Az harcayan nekeslere Hak yolu kapalıdır.
Ten, sedef gibi ağzını açmış da ah ederek diyor ki:
"Canın yol bulamadığı bir yere ben nasıl sığarım?"

El, gönül isterse düşmana yılan gibi öldürücü olur.
Gönül isterse bir dosta yardıma uzanır.
Gönül isterse yemekte kaşıklık yapar,
Yine gönül isterse düşmanın beynine ağır bir topuz olup iner.

Ey dost!

Candan, gönülden söylenmeyen sözler çok latif bile olsa çöplükte biten yeşillik gibidir.

O yemeye ve koklamaya gelmez.

Bak geç.

Gönül tarlasının bitkisi gönül sırlarını gösteren fikirlerdir.

Gönlümü, belanın geçtiği yola koydum.

Yalnız senin arkandan koşsun diye, gönlün ayak bağını çözdüm.

Bugün rüzgâr, bana senin güzel kokunu getirdi, ben de teşekkür için ona gönlümü verdim.

Dayan gönlüm!

Biçare değilsin.

Yaradan sana yâr.

Kimsesiz değilsin.

Yanında, "Kimsesizler Kimsesi" var!

Biliyorum!

Sığmazsın hiçbir yere bu sevdayla, Dünya sana dar!

Ama dayan gönlüm!

Dayan ki her gecenin mutlaka bir sabahı var.

İLİM

Gençler bütün dünyayı ağzına kadar ilimle,
güzellikle dolu bir testi bilin.
Çeşme akarken testileri doldurmayı unutmayın.
İhmal ederseniz, bilin ki ya çeşme kurumuştur,
ya da testi kırılmıştır.

∞

Olgun, bilgili biri toprağı tutsa altın kesilir.
Ahmak ve yoz adamın elinde altın pul olur.
Cahil, âlimler huzurunda ilme kavuşur.
İlim, kara cahiller arasında yozlaşmaya uğrar.
Hasta biri neyi tutsa hastalık bulaştırır.
Âlim ve kâmiller ise tuttuğunu olgunlaştırır.

∞

Aşkla ölü dirilir, aşk şahları kul eder.
Bu aşk ilim ve irfanla olur.
Arif olmayan, aşk tahtına nasıl oturabilir?

∞

Sapıklık da ilimdendir, kurtuluş da ilimdendir. Meyvenin en
tatlı olanı da, zehir gibi en acıya çalanı da nemli toprakta yetişir.

İlim, kalbi aydınlatmak için değil de para, mevki ve hatır kazanmak için olursa;

Alçak dünyaya ait olur.

Sahibini olgunlaştırıp yüceltemez.

İlim ve hikmet, helal lokmadan doğar.

Aşk ve incelik ondan meydana gelir.

Sende haset, hile, cahillik ve gaflet varsa sebebinin haram lokma olduğunu anla.

Hasta biri neyi tutsa hastalık bulaştırır.

Lokma tohum gibidir, fikirler ürünüdür.

Yenilen helal lokma; büyüklere hürmet etmeyi, ölümden korkmadan öbür âleme gitme arzusunu doğurur.

İlim kalbe yansırsa sahibine destek, ilim yalnız bedene yansırsa sahibine yük olur.

Peygamber efendimiz (s.a.v.), "Ya Rabbi, faydası olmayan ilimden sana sığınırım!" buyurmuştur.

Yüce kitabımız Kuran-ı Kerim, Tevrat'ın hükümlerini bilip de uygulamamış olan hahamları, Tevrat cüzlerini taşıyan merkeplere benzetmektedir.

Ahmakların özrü dinlenmez.

Ahmağın özrü kabahatinden büyüktür.

Cahilin özrü ilme zehir, cahilce özür ise ilim sahiplerine zehir gibi etki eder.

Aklıyla dünyayı ölçüp biçen bir baba;

Henüz yeni konuşmaya başlayan çocuğuna, "eee, ninni, mama" gibi anlamsız sözler söyler.

Çocuğa öğretmek için kendi dilini bozar.

Çünkü çocuğun anlayacağı dil ve seviyede konuşmadan ona ilim ve irfan öğretemezsin.

Biri insanı süslenip bezenmiş çamurdan bir suret olarak görür, diğeri ilim ve hikmet kaynağı.

Beden bir minaredir, ilim ve ibadet kuşa benzer.

Müşkülünü çözen,

Seni hakikate ulaştıran bilgiyi,

Ölüm gelip çatmadan önce iste, öğrenmeye çalış.

Aklını başına al da, şu dünyayı,

Yani var gibi görünen yoğu bırak,

Yok sandığın varı iste!

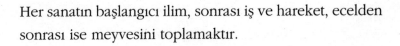

Her sanatın başlangıcı ilim, sonrası iş ve hareket, ecelden sonrası ise meyvesini toplamaktır.

AKIL

Akıllı ol, bir iş için yarın yaparım deme, çünkü
ömründen çok yarın geçti.
Hemen tövbeyle işe giriş, ekin mevsimi büsbütün geçmesin.
Manasız sözlerden dilini tut, hasisliği bırak, paran
varsa cömertlikle fakirleri sevindir.
Unutma, nefsin kötü isteklerini terk etmek de bir tür
cömertliktir. Çünkü şehvet batağına düşen biri o pislik
çamurundan doğrulup kalkamaz.
Cömertlik cennet servisinin dalıdır, o dalı elinden
kaçırana yazıklar olsun.

❧

Akıllı olup haramdan çekinseydin elindeki kılıç hayırlı işler görür ve zafer kazandırırdı.

İnsanın güneş gibi nurlu bir aklı olmalı ki kılıcını hayır ve doğruluğa vursun.

Yolumu aydınlatacak akıl ve huyum yoksa silahımı kuyuya atmalıyım.

Güç ve dayanağım yoksa kılıç ve kalkanımı kuyuya da atmazsam onu düşmanım elimden alır ve bana karşı kullanır.

Akıllı, bir şeyin sonunu baştan görür. İlimden nasibini almamış ise onu sonunda ve ortaya çıkınca görür.

Akıllılar işin başında feryat eder, cahiller işin sonunda başlarına vururlar.
Sen işin başında sonunu gör. Kıyamet günü pişman olma.

Aklı en fazla olana en iyi imkân verilmeli ki geride kalanların derdine derman bulsun.
Bu dünyanın anlam ve güzelliği onların ölümsüz akılları sayesindedir.
Aklı eren herkesin bildiği gibi, her hareket edenin bir hareket ettireni vardır.
Hareket ettireni görmüyorsan işin aslını hareketten anla.

Danışmak anlayış ve akıl verir.

Nasıl olur da deniz, köpeğin ağzından pislenir, nasıl olur da güneş üflemekle söner?
Akıl padişahı kafesi kırdı mı, kuşların her biri bir yöne uçar.

Hırs, boş yere seraba doğru koşarken, akıl ona; iyi bak! O su değil der.

Akıllı ol da vefasızların lütuf ve iyiliğine güvenme, o lütuf harap köprüye benzer.
Nerede bir ordu bozulmuşsa iki üç gevşek ve korkak yüzünden bozulmuştur.

Akıllılar, Allah'ın lütfunu binlerce defa görmeseler canlarını onun yolunda feda ederler miydi?
Akıllılar, bütün akıl ve anlayışlarını kullandıkları ve çok istedikleri halde başaramadıkları işlerde yüce Allah'ın kudretine vâkıf olurlar.

Bir akıl başka bir akla katılırsa iki kat güçlenir, yola girenin nuru artar ve yolunu daha iyi görür.
Nefis başka bir nefse karışmaktan hoşlaşır ve güler.

Akıllı, akıllıyla tanışınca aralarındaki saflık ve muhabbet daima artar.

Akıllılar dünyanın gamını değil nimetini yer. Bilgisizler pişmanlıkla perişan olurlar.

Çok geçtiğin bir yolda bile rehbersiz yanılabilirsen, ya hiç görüp bilmediğin bir yolda ne olursun?
Güvenilir arkadaş ve gönlü aydın önderin elinden tutmazsan sapıklar seni saptırır.
Bu yolda senden çok akıllı kimseler sapıklığa düştü.
Yalnız ve yanlış yola girenleri şeytanın nasıl alçaltıp da Hak'tan ve kurtuluştan uzaklaştırdığını, nasıl felakete uğrattığını gör.

Bütün sanatlar önce vahiy ve ilham yoluyla bilindi sonra akıl onları işledi.

Dikkatle bak, akıl bir sanatı hiç ustasız öğrenebilir mi?

Oyun, görünüşte akla uymaz ama çocuk oyunla akıllanır.

Aklı çok olanlar bir sanatta yok olur.

Aklı fazla olmayanlar sanatı görür, sanatkârı bulur, ebedi huzura ererler.

Aklım hazine, ben onun harabesiyim.

Hazineyi meydana çıkarmak benim için deliliktir.

Çok zeki ve kabiliyetli olanlar zehri görür görmez tanır, akılsızlar onu tadarak anlar.

Hatta acılığının boğazındaki azabıyla mezara kadar gidenler eksik olmaz.

Akıllı olana bir işaret yeter.

Aklı olana bir işaret kâfidir.
Sevenin sevdiğine susuzluğu ne zaman biter? Onun lafı dilinden düşmez.
Balık işaretle suya kanar mı?

Aklın, gözün ve kulağın temiz olsun dersen onları hırs ve açgözlülükten kurtar.
İnsanı yoldan çıkaran tamahtır.

Cehenneme ait kin kalbinde bulunursa sen de cehennemin bir parçası olursun.
Akıllı ol, parçalar bütüne katılır.
Cennetin parçasıysan zevkin cennet gibidir.

Aklını, bir dostun aklıyla arkadaş et.

İBRET ve MİSAL

Akıllı o kişidir ki, dostlarının belalara düşüp
teker teker ölüşlerinden ibret alır.
Düşmanın muhabbeti seni mahzun etmesin.
Senin iyiliğin düşmanını mahcup etsin.
Kibir, iblisi şeytanlaştırdı.
Kibirlenme, haddini bil, insanken şeytan olma.
Kibir, şeytanın mayası oldu.
Kibirlenip de şeytanı güldürme.
Kendini bildin mi rahimden akan cansın can.
Kibirlendin mi rahimden akan kansın kan!

Yaptıkları hatalar yüzünden başına nice bela gelenlerden sonra dünyaya geldiğimiz için Cenab-ı Hakk'a şükürler olsun. Hakk'a uymayan ve sapıklığa düşenlerin halinden ibret alıp kendimizi korumamız için tüm ümmetlerden sonra, son ümmet olarak dünyaya geldik.

Sözü doğru Peygamber (s.a.v.), onun için bize "Allah'ın rahmetine kavuşmuş ümmet" diye buyurdu.

Eski kurtların, kemikleri, yaptıkları ve eserleri meydanda.
Ey aklı büyük insan, bak da ibret al.

Deniz veya nehirlerde insanlardan uzaktaki nice balıkları, boğaz hırsı oltaya düşürmüştür.

Binlerce insanın hilesini Allah bir kıvılcımla yok eder.
O, düşündükleri hileleri mazlumlara ibret dersine, zehirli suya benzeyen bozgunculuklarını da haksızlığa uğrayanlar için şerbete çevirir.

Şeytan, "Ben daha hayırlıyım..." deyip şaştı.
Bu dert herkeste mevcuttur.
Kendini tam ve kusursuz sanan adamın durumu, dibinde pislik olduğu halde berrak görünen derenin suyuna benzer.
Biri onu kızdırır veya bulandırırsa dibindeki pisliği derhal meydana çıkar.

Merhamet sahibi Allah, Nuh ve Hud kavimlerinin sapıklığa düşerek yok oluşlarını korkup ibret alalım diye bize gösterdi.
Aksi olmuş olsaydı halimiz nice olurdu?

Ey çirkin kurt köpeği!
Hırs ve coşkunlukla aslan postunu giymeye kalkışma.
Yoksa gerçek aslan kükremesi seni imtihan ederse,
Aslan görünümünde köpek huyun tez anlaşılır.

Mal düşkünlerinin dilleri tutuk olur.
Gönlü hak sevgisiyle dolu olanlar hürdür.
Vicdanları hiçbir şeyle satın alınamaz.
Onların gözünde dünya esir olmaya değmeyen murdar
bir şeydir.
Açgözlülerse nursuz olur.
Hırslı insanların kulağına ibretli söz girmez.

Gözün bakışı kalbin hükmü ile ruhun iradesine bağlıdır.
Gönül isterse bakışlar yılan zehrine, yine isterse ibret
alacak tarafa döner.

Hak yolundan saparak azan Ad kavmi ile Firavun'un
hallerini işiten akıllı biri, vehimden ibaret varlığı ile

kötülük ve kötü isteklerinden vazgeçer.

İbret almazsa, ancak ibret alınacak hale düşmüş demektir.

❦

İşin münafığın işine benzememesi için, kalbinin tasdik ettiği dilinin söylediğine uygun olsun.

Ağır bir çuval taşıyanın götürdüğünün ne olduğuna bakması onu eksiltmez.

Çuvaldaki tatlı veya ekşi taşımaya değerse taşı.

Çuvalın içindeki kıymetsiz taşsa boşalt.

Kendini bu ayıp ve utanılacak şeyden kurtar.

Çuvalına sultanlara layık olacak şeyleri koy.

❦

Tamah eden alçalır denildi.

❦

Kendi hata ve kusurlarını görüp tanıyan biri nefsini olgunlaştırmak için adeta on yedek atlı gibi süratle koşar.

Kendini tam, kusursuz görenler tamamlama yönünde Hakk'a doğru uçamaz.

Ah bilsen, kendini kusursuz görmekten daha kötü bir illet yoktur.

Ey gafil, sen uyursun fakat işlediğin haramın kokusu şu masmavi gökyüzüne yükselir.

Hırs, kibir ve kötü arzuların kokusu söz söylerken soğan kokusu gibi duyulur. Halk fakirlik ve zaruretten kaçmak ister, bu yolda da hırs ve emelin lokması olur.

İnsanların en bahtiyarı, kendi ayıp ve kusurunu görendir.

Herkesin çekindiği bir beladan yani ölen dostun ölümünden ibret alan akıllıdır.

Din öğütten ibarettir buyruluyor, söyle de ibret alınsın. Müslüman; kâfirlerin bile her işte kendisine hayran olup kıskandığı kimsedir.

Delikanlı, daha kendi sakalın çıkmamışken,
Sakalı yok diye köseleri ayıplama.

❧

Gözün varsa âleme kendi gözünle bak, cahil ahmağın gözüyle bakma. Akılla, ibretle, taklide kapılmadan bakmaya alış.

❧

Her hırslı mahrumdur. Sen de hırslılar gibi koşuşturma, ağır ve dikkatli ol.
Yoksa çoluk çocuk, karada yaşayan kuşun suya düşüp eziyet çekmesi gibi sıkıntı ve meşakkat çekersiniz.

❧

Bir mümini kınamana sebep olan bir ayıp sende yok diye kendine fazla güvenme.
Aynı kusur sende de görülebilir.
Peygamber efendimiz (s.a.v.),
"Kim ki din kardeşini bir kusurundan ötürü ayıplarsa, ölmeden önce mutlaka o günahı işler!" buyurdu.

❧

Hırs insanı kör ve ahmak eder, bilgisizler içine düşürerek ecelini yaklaştırır.

Fakirin sabrı çoksa yardımsever onun kapısına gelir.
Cömerdin sabrı çoksa fakir onun kapısına gelir.
Fakirin sabrı onun olgunlukla iyiliğinin, cömerdin sabrı
ise onun kusurunun belirtisidir.

İki parmağını iki gözünün önüne getirirsen dünyadan
bir şey görebilir misin?
İnsafla söyle: Görememen, dünya yok anlamına gelmez.
Kusur o uğursuz nefsin parmaklarındadır.

Allah gizli açık her şeyi görür ama ayıpları örtme
sıfatıyla örter.
Haddini aşanı da açıp ortaya çıkarır.

ADALET

Adalet, hakkı hak sahibine vermektir,
Yoksa her su çeken kökü sulamak değildir.

Adalet nedir?
Her şeyi yerine koymak.
Zulüm nedir?
Bir şeyi yerine koymamak, başka yere koymak.
Hiçbir kâfire hor gözle bakmayın.
Müslüman olarak ölmesi umulur çünkü.

Avcı doğan kuşu padişaha,
Kuzgun, leş ve mezarlığa gider.
Kuzgunun mezesi pis leş, kurdun mezesi gübredir.
Kötü nefisle mücadele alçak adamların harcı değildir.
Göğsünde ürkek kadın yüreği taşıyanların sırrı zor günde
ortaya çıkar.
Ayakkabı ayağın, külah başındır.
Adalet, layık olanı layık olduğu yere koymaktır.
Hiçbir istek isteyenden esirgenmez.

Delinin elindeki silahı al da adalet ve huzur sana minnettar olsun.

Silahı olan akılsız eli bağla, yoksa yüzlerce belaya sebep olur.

Âlimler, "Zalimlerin zulmü karanlık kuyu gibidir..." demişlerdir.

Kimin zulmü çoksa, onun kuyusunun dibi daha korkunçtur.

Allah'ın adaletinde, daha kötüye daha büyük ceza vardır.

Bedene sütle giren huyu çıkarmak mümkün müdür?

Allah'ın asıl cevheri lütuf, adalet ve iyiliktir.

Kahrı ise o cevherin üstüne konmuş toz zerresi gibidir.

Peygamberimiz bir kutsi hadiste,

"Cenab-ı Hak, halkı yaratmaktan maksadım iyilik, bedenden faydalanmaları ve nimetlerimin balından tutmalarıdır..." buyurdu.

❧

Adalet nedir? Bir şeyi layık olduğu yere koymak.

Zulüm nedir? Layık olmadığı yere koymak.

Fakire vaktinde bir sille vur da boynu vurulmaktan kurtulsun.

Aslında dayak fakire değil, kötü huyadır.

Kilim değil tozu dövülür.

İyilerin yeri dostlarla ziyafet sofrasıdır, kötülerin yeriyse zindan.

❧

Doğru ve güzel söz gönüllere huzur verir.

Gönüller yalan sözle ferahlamaz.

Yalan çerçöpe, gönül ağza benzer.

Ağızdaki en küçük kırıntı rahatsızlık verir, dil onu dışarı atana kadar çabalar.

Şahsi öfke ve hınçla verilen cezada sabırsızlık ve acele vardır.

Adaletin yerini bulması için verilecek cezada acelecilik doğru değildir.

İnsan kaza ve kadere razı olursa öç alma zevk ve çılgınlığından vazgeçer.

İştah ve yemek varsa ağır ağır yemek daha iyidir.

Benim belamı def etmek için gediği tıkamak istiyorsun.

Kaza ve kaderin gedikleri hesaba sığmaz.

Belayı def etmenin çaresi sitem ve ceza değil; iyilik, af ve insanlıktır.

Canlı bir güzelin dostu olan ölüyü nasıl kucaklar?
Hazreti Ömer'in adalet anlayışına sahip olmayana kanlı
katil Haccac-ı Zalim adil görünür.

Allah teraziyi aramızdaki insaf ve adaletin devamı için
yarattı.

Halk da hastadır, suçsuzları incitmeye düşkündür.
Birbirlerinin kafasını kusurlu görür, kendi sakat
kafalarından haberleri yoktur.

Bizim adaletli idaremizde acaba hapse atılmamış ve
zincire vurulmamış bir zalim var mıdır?
Bizim doğduğumuz gün zulüm ölmüştü.
Şimdi zulmü dirilten kim?
Işık gelince karanlık kaybolur.
Zulmün aslı da destekçisi de karanlıktır.

Baştan ayağa kusur ve yolsuzluk dolu bir zengini,
Açgözlü, dünya düşkünü olanlar hatalı görmez.
Çünkü içlerini o zenginden menfaatlenme hissi
bürümüştür.
Fakir biri altın gibi kıymetli laflar etse kumaşı hiçbir
dükkânda yer bulamaz.

Zalime acımak merhamet değildir, merhamete hakaret
etmektir.
Mazeretten, bahaneden vazgeç.
Adalet ve erdem için insanlara hizmet et.
Süt memeden çıkınca bir daha dönüp o memeye giriyor mu?
Nasuh tövbe de böyledir.
İnsan bir günahtan tövbe edince bir daha o günahı
aklına bile getirmez, değil yaptığını beğenmek, ondan
nefret eder.
İşlediğin suçtan tiksinti duymuyorsan kendinden şüphe et.
Başarıdan gururlanma.
Başarı Hakk'ın ihsanıdır.

Adalet nedir?
Meyve ağaçlarına su vermek.
Zulüm nedir?
Dikene su vermek.

ÇALIŞMAK

Tevekkül insana rehberdir, ama sebebe sarılmak da
o temiz Peygamber'in (s.a.v.) sünnetidir.
Peygamber yüksek sesle,
"Tevekkülle beraber devenin ayağını bağla!" buyurdu.
"Kazanan Allah'ın sevgilisidir!" işaretini dinle;
Tevekkülden dolayı, "Teşebbüs hususunda tembel
olma!" dedi.

❦

O temiz Peygamber (s.a.v.),
"Rızık kapısı kapalıdır; kilitleri vardır..." buyurmuştur.
O kilidin anahtarı bizim çalışmamız, hareketimiz ve kazancımızdır.
O kapının kilitsiz açılmasına yol yok.
Talep olunmadan ekmek vermek Hakk'ın âdeti değildir.

❦

Kuru duayı bırak!
Ağaç isteyen tohumunu eker.
İyi tohum eken kötü ekin biçmez ki!
Aklını başına al da sus. Sus da iyi tohum ekmeye bak.
Nereye hangi tohumu ekersen, sonunda o biter;
Fakat o güzel lütuf ve ihsan tohumu ne diye bir türlü bitmez?

Bugünün işini yarına bırakma da ne hasret çek, ne de keşke demeye koyul.

Ne ekersen o kaybolmaz, mutlaka biçersin; din tohumunu ekmekse gerçekten kutlu bir iştir.

Çalışır çabalar akla hizmet edersen o da seni doğru yola ulaştırır veya ulaşma sebeplerini çoğaltır.

Bilgi bellemenin yolu sözdür. Sanat bellemenin yolu ise iştir.

Diken ekersen gül devşiririm mi dersin?
Gül dikmezsen, hiçbir fidan gül vermez sana.
Taneler buğdaydır adeta, bu dünya ise değirmen;
Fakat değirmene kerpiç götürürsen ancak toprak elde edersin.

Çalışma, dert ve deva haktır.
Çalışmayı inkâr eden de bir çalışma içindedir.

Hiç buğday ekip de arpa bittiğini gördün mü?

El işten kalırsa, ayağınla diren.
Ayağın da kalmazsa; bağır seslen.
Sesin de yoksa aklınla işe giriş.
Hâsılı her solukta vefa göster.

Çalışmak Allah'ın verdiği gücün şükrüdür.
Hakkın verdiği kudrete şükür güç ve nimetini artırır.

İnsanın kanadı, gayretidir.

DÜNYA ve AHİRET

Her cins kendi cinsinden olanları çeker, bunu bil.
Peygamberler insanları dünya ve ahiret felaketlerinden
kurtarmak için insan olarak gönderildi.
Peygamber Efendimiz (s.a.v.),
"Ben de sizin gibi beşerim!" buyurdu.
Bundan maksat, davet edilen insanların kendi
cinsinden yana gelip mahvolmamalarıdır.

❧

Allah'la olduktan sonra ölüm de, ömür de hoştur.

❧

Dünya, uyuyanın gördüğü rüya gibidir.
Rüya görenin gördüğü rüyanın devam edip gideceğini
sanması gibi,
Dünyadakiler de dünyanın sürüp gideceğini sanırlar.
Ama ansızın ecel sabahı doğunca,
O zannediş ve hilenin karanlığından kurtulurlar.

❧

Dünyaya demir atmış Karun'u, yer çekti, yuttu.
Ulular ulusu İsa'yı gökyüzü çekti, yüceltti.

İstersen dünyada çağının en büyük bilgini, her şeyin bileni, uzmanı ol.

Şu dünyanın geçiciliğini bilmedikten sonra ne fayda!

Dünyada her grup pervaneler gibi bir mumun etrafında dönüp dolaşır.

Kıyamet sabahının nuru doğup da her taraf aydınlanınca, Onların her biri etrafında döndüklerini mumun ne olduğunu görürler.

Dünyada neden neşelendinse, bir de onun ayrılığını düşün.

Başkaları ayrıldı, sıra sende.

Başkalarının elinden çıkan şey senin de elinden çıkacaktır. Akıllı ol; kaybedeceğin şeye devamlı sevgi bağıyla kendini mahvetme.

Dünya seni terk etmeden sen dünyayı terk et!

Ekmek, beden hapishanesinin mimarıdır.

Kader cezalandırmada kılı kırk yarar.

Sen başkalarını affet ki, Allah da seni affetsin.

Düşünürsen sen de az testi kırmamış, az ümit bağlamamışsındır.

Dünyada affedici ol ki, ahrete vardığında affedilesin.

Dünyada biri sapıtıp yoldan çıktı mı şeytan sevinir.

Birisi iman ve kurtuluşa erdi mi de, şeytan ve şeytanın emrindekiler feryat ederler.

Bilgili ve edepli biri,

Yoldan çıkmış birini Hak yoluna, doğru yola ulaştırdığında;

Şeytan ve şeytanlaşan insanlar, hayıflanarak dişlerini sıkmaya başlarlar.

Dünya, layık olmadan verilmiş unvanlar ve tersine çakılmış nallarla doludur.

Dünya düşkünü, hırslı bir mevki sahibi, yeri sağlamlaşıp süresi uzadıkça firavunlaşır.

Şeytanın Hakk'ın huzurundan kovulup lanetlenmesi mevki hırsından değil midir?

Araplar, merada otlayana değil, azgın ata şeytan der.

Yeter didindiğin dilendiğin.

Bak etrafına acın, sancın var.

Bedestenler senin olsa ne fayda, olmasa ne fayda...

Şu dünyada üç metrelik bezin var!

Hırs ve baş olma sevdası sözü artırır, görüşle görgüyü azaltır.

Dünyayı isterken de sus,

Bir dileğe kavuşmak isterken de.

Öylece seyre dal gitsin...

Dünyada birbirine karışmayan acı ve tatlı denizler vardır.
Kalp altını halis altından mihenk taşına vurmayınca
anlayamazsın.

Dünyada dertli ve mazlumların sesini duyar duymaz
imdada koşan nice aslan yürekli insan vardır.
Onların kulakları mazlumların sesine hassastır.
İşitir işitmez yardıma koşarlar.
Bu şefkat ve merhamet sahibi kimseler bozuklukları
düzelten, gizli dertlere deva olan faziletli insanlardır.
Yaptıklarından karşılık beklemez,
Bu işi niye yaptın diyenlere,
"Mazlumların dert ve çaresizliğinden" cevabını verirler.

Ey Allah'ım, dünyada binlerce tuzak ve tane var;
Biz ise aç ve hırslı kuşlar gibiyiz.
Biz şahin de olsak, Anka da...
Her an bir tuzağa yakalanıyoruz.

Dünya köpüktür.

Tanrı sıfatlarıysa denize benzer.

Fakat şu cihan köpüğü, denizin arılığına, duruluğuna perdedir.

Sözün içini elde etmek için harf kabuğunu yar.

Saçlar da sevgilinin yüzünü, gözünü örter.

Ey gafil hükümdar, aldığın vergilerden kum gibi altınların olsa da zenginleşsen hepsi senden artakalır.

Saltanat, altın ve servet, ahiret yolculuğunda ruhuna yoldaş olmaz.

Altını dünyanın dar ve derin bir kuyu olduğunu anlatacak görüşe ver ki,

Hazreti Yusuf gibi o kuyuya uzatılan ipi tutup kurtuluşa eresin.

Hazreti Peygamber (s.a.v.) şöyle buyurdu:

"Ahiret yolu için güzel amel ve hayırlı işten vefalı bir arkadaş bulunmaz. Yaptıkların iyi ise sana ebediyen dost olur. Kötü ise, kabirde yılanın olur, seni sokar."

Dünyanın bütün nimetleri uzaktan pek hoş, yaklaşınca sınamadan ibaret görülür.

Uzaktan su görünen şeye yaklaşılınca serap olduğu anlaşılır.

Dünyada ve insanlık içinde ne varsa hepsi yücelikler âleminden gelmiştir.
Uyanık ol, gözünü yükseklere çevir.
Yükseğe bakış, göze nur ve kuvvettir.

Dünyada her an herkes can verip ölmededir.
O vakit, sözünü ölüm zamanı babanın oğula vasiyeti say.

Dünyada her şey kendi cinsinden olanı çeker.
Ateş ehli olanlar cehennemlikleri,
Nur ehli olanlar da cennetlikleri ister.

Dünyada mutlak olarak kötülük yoktur.

Dünyada yüz binlerce kuşun kanadı kırıldığı halde o kaza ve kader tuzağı kaldırılamadı.

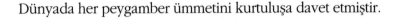

Dünyada her peygamber ümmetini kurtuluşa davet etmiştir.

Dünyanın genişliği göz bağıdır.
Ahirete karşılık genişliği ise çok dardır.
Gülmesi ağlamaktan ibarettir.
Övünmesi ardır.

Dünyada yılan ve akrep gibi insan sokan sözlerin,
Kıyamet günü orada akrep olup nefesini kesecektir.

Dünyada her sanat ve hareket fikirden doğar.
Halka göre fikir önemsiz gibidir ama insanlığı sel gibi
sürükleyip götüren odur.

İMAN

Cins cinsi çeker.
Kendine bak, iman veya küfürden
hangisinin cinsi olduğunu gör.
Firavun'un veziri Haman'a sevgin varsa Haman'a;
Hazreti Musa'ya meylin varsa Süphan'a mensupsun.
İkisine de meyilliysen nefsinle aklın birbirine karışmış.
Akla yardımcı ol, düşmanın yenilişi sevinç için yeter.

~

Müminler çokturlar lakin iman birdir.
Bu sebepledir ki, müminlerin bedenleri farklı fakat ruhları tektir.
Hayvani ruhlardaysa birlik yoktur.

~

İki canlı kuşu birbirine bağlasan, dört kanatlı oldukları halde uçamazlar,
Çünkü ikilik mevcuttur.

~

İman, görmediğimize teslim olmaktır.
Bunun mükâfatı da inandığımızı görmektir.

Ey kalbinde istek ve arzuları yenileyip duran!
İmanını yenile amma velâkin yalnız dille değil kalbinle de.

Mahşerde namazları getirip teraziye koyarlar.
Oruçları ve sadakaları da teraziye koyarlar.
Fakat muhabbeti getirdikleri zaman, muhabbet teraziye sığmaz.

İman, namazdan daha iyidir.
Çünkü namaz beş vakitte, iman ise her zaman farzdır.

İnanmışsan, tatlı bir hale gelmişsen, ölüm de inanmıştır,
tatlılaşmıştır. Kâfirsen, acılaşmışsan, ölüm de kâfirleşir,
acılaşır sana.

Ey imandan "Yalnız Allah'a ve peygamberine inandım!"
sözüyle yetinen... İman öyle büyük bir nimettir ki, ondan
bir parça zevk alan açgözlülükten kurtulur.

Mümin ibadetini inançla, diğeri taklitle yapar.
Bir münafık gerçek bir Müslümanla beraber namaza gelirse,
Bu ibadet için değil, gösteriş maksadıyladır.
Herkes kendi yerine, kendi yönüne gider.
Buna mümin, diğerine münafık desen öfkeyle ateş kesilir.
Mümin kelimesi imanın işareti olduğu için sevilir.
Münafık kelimesiyse bozgunculuk belirtisi olduğundan
nefretle karşılanır.

Küfür ile iman, yumurtanın akı ile sarısına benzer.
Onları ayıran bir berzah var, birbirine karışmazlar.
Köpekler gibi kızmayı bırak, aslanların gazabına bak.
Aslanların gazabını görünce de var, bir yaşına yeni girmiş
koyun gibi yavaş ol.

Her an canının bir parçası ölmektedir.
Can verme zamanında imanını unutma, gözet.

Kötü istek ve arzular tazelendikçe iman taze değildir.
Zira kötü arzular iman kapısının kilididir.

Bir insan günahı âdet haline getirir de onu görmez,
İşlediği günahın acısını vicdanında hissetmezse,
Tövbe etmeyi de düşünmez.
Günah, kalbine iyi görünerek sahibini imandan eder.

Allah cömerttir ama güzelim cennet nimetleri imansızlara
haramdır.

Efendimiz (s.a.v.), bir hadis-i şerifte,
"Rabbim beni terbiye etti ve edebimi güzelleştirdi..." buyurdu.
"'Akıldan iman nedir?' diye sordum, akıl kalbimin
kulağına, 'İman edeptir...' diye fısıldadı."

Sabrın sonunda kalpte doğan ferahlık imandandır.
İmanda zayıflık ise, ümitsizlikle karın ağrısı çekmektir.
Sabır olmayanda iman da yoktur.

Halkı Hak yoluna çağırıp dünyayı Allah'ın birliğine imana davet ederlerken peygamberler yapayalnızdı.

HAKİKAT

Kaldıracağım yükü götüreceğim yeri bilirim.
Ben Ay'ım; ama hakikat yolunda rehberim ve güneşim
Hazreti Muhammed'dir.
Daha fazlasını söylemeyeyim.
Deniz bir nehrin yatağına sığmaz.
Kolay anlaşılacak şekilde söylüyorum.
Kolay anlaşılacak şekilde söylemek ayıp değil,
Peygamber sünnetidir.

∞

Âlemde hakikatsiz hayal olmaz.

∞

Her peygamber dünyaya tek fert olarak geldi, fakat içlerinde bir âlem vardı.

Yücelikler âlemi onları mucizeyle dürüp bükerek, küçük bir şekil halinde gösterdi.

Ahmaklar da onları yalnız ve kudretsiz gördü.

Hâlbuki hakikat şahının, birlik sultanının nedimi olanlar nasıl zayıf olur?

Peygamberi gören o zavallı ahmaklar onu zayıf bir kişi sandılar.

Sonunu göremeyen kişinin vay haline.

Konuşan kemal sahibi olursa ilim ve hakikat sofrasını serince o sofrada her yemek bulunur.
Hiçbir misafir aç kalmaz, herkesin karnı doyar.

Senin canında bir can vardır.
Sen o canı ara!
Senin teninin dağında çok kıymetli bir inci bulunmaktadır.
Sen o incinin madenini ara!
Ey Hak yolunda yürüyüp giden sufi!
Eğer arayabiliyorsan, onu sen kendinde ara, kendinden dışarıda arama!

Âlim geçinen o zalim,
Ahirette faydası olmayacak yüz bin şeyi bilir de kendi ruhunun hakikatini bilmez.
Her kumaşın kıymetini pekâlâ bilir fakat kendi kıymetini bilmezsin.
Bu ne ahmaklık?

Kuzgun, bağda kuzgunca bağırır.
Ama bülbül, kuzgun bağırıyor diye güzelim sesini keser
mi hiç?

Delinin şerbetini içmektense, arifin zehrini iç.
Onların verdikleri zehir cana sefadır.
Delinin şerbeti görünüşte tatlıdır ama tadını alınca
yüreğin yanar.
İçten içe çürürsün.

Doğruluk, Musa'nın asası gibidir.
Eğrilik ise sihirbazların sihrine benzer.
Doğruluk ortaya çıkınca, bütün eğrilikleri yutar.

Kin, sapıklığın da aslıdır, kâfirliğin de.

İnce hakikatleri ümmetin seçkinleri görüp anlar,
halkın çoğuysa Allah'ın yeniden dirilteceğine karşı
şüphe taşırlar.
Kur'an ı Hakîm ise,
"Önce yoktan var etmekte âciz mi kaldık ki tekrar
yaratmaya gücümüz yetmesin? Bundan inkârcılar şüphe
ederler!" (Kur'an ı Kerim, 50/15) buyuruyor.

Sahte altınla gerçek altın karanlıkta boy ölçüşürlerken,
Gerçek altın, hakikatin anlaşılması için sabahın
olmasını bekler.

Pisler, pisliklerini yapar ama sular da temizlemeye çalışır.

Hakikat güneşinden haber getiren bir zerreye fezadaki
güneş köle olur.
Peygamberimizin (s.a.v.) mübarek parmağının işaretiyle
Ay'ın ikiye ayrılması mucizesi gibi.

Susmakla canın özü, yüzlerce gelişmeye ulaşır.
Ama söz, dile geldi mi, öz harcanır.

Cüppe ve sarıkla âlimlik olmaz.
Âlimlik, insanın zatında bulunan bir hünerdir.

Hikmetin tariflerinin özü;
Her şeyin hakikatini olduğu gibi bilmek ve gereğine
göre iş görmektir.
Kuran-ı Kerim, "hikmet verilene hayır verilmiştir" buyurur.
Peygamber efendimiz (s.a.v.) de kısaca,
"Hikmet müminin yitiğidir, onu nerede bulursa almak
hakkıdır..." demiştir.

Hiç ay, yeryüzünde ev sahibi olur mu?

❦

Dikenden gül bitiren, kışı da bahar haline döndürür. Serviyi hür bir halde yücelten, kederi de sevinç haline sokabilir.

❦

Hangi tohum yere ekildi de bitmedi,
Ne diye insan tohumunda böyle bir şüpheye düşüyorsun?
Testi taştan korkar ama o taş çeşme oldu mu, testiler her an ona gelmeye can atar.

❦

Peygamberimiz kalpteki nuru anlatırken,
"Gurur evi dünyadan uzaklaşmak, sevinç evi hakikat âlemine yaklaşmaktır..." buyurdu.

❦

Yemeye, oyun ve eğlenceye düşkünlük hakikate akıl erdirmeye mâni olur.

❦

Delinin dostluğu hakikatte düşmanlıktır.

❧

Kıyamet günü sur üflenip kalk emriyle herkes dirilince ikinci defa gülecekler vardır.

Onlar taklit dünyasındaki gülüşlerine gülecekleri gelip gülerler.

Uzak yoldan geldim ama hakikat o hakikat, sır hep o sırmış derler.

❧

Burnuna sarımsak tıkamışsın, gül kokusu arıyorsun.

❧

Birisi güzel bir söz söylüyorsa bu, dinleyenin dinlemesinden, anlamasından ileri gelir.

❧

Yeryüzünde küstahça dolaşanlar olmuştu.

Zeminde ve tarih sahifeleri arasında dikkatle dolaşırsan onların kemiklerine rastlarsın.

Ey Hakk'ın kendisinden razı olduğu zat,

Mezarlığa gidince oradaki kemiklere geçmişteki hallerini bir sor.

Sen ince mana ve hakikatlerden anlamıyorsan, gönlü aydın, anlayışlı birine uy.

Hakikat güneşine âlemi kaplayan nuru delildir.

Bir gün gaflet uykusu sona erer,
Gözler açılıp hakikati görür.
Fakat son nefeste o görüşün ne faydası olur?

Öfke ve hiddet beylerin padişahı fakat bizim kölemizdir.
Ben öfke atının ağzına gem vurdum, dizginini elimde tuttum, hareketlerini kontrolüme aldım.
Yumuşak huyluluğumun kılıcı öfke ve hiddetimin boynunu vurmuştur.
Künyem, toza toprağa batmış anlamında peygamberimizin ifadesiyle Ebu Türab'dır.
Ama ben bilgi ve hakikatlerin bahçesiyim.

GÜZEL ve GÜZELLİK

Güzele kendi gözünle bakma.
Sevilene sevenin gözüyle bak.

❧

Güzellerin de görünüşü farklı farklıdır.
Güzelliği seven bir fırıncının yanına,
Biri kertenkele sırtı gibi yüzü buruşmuş bir ihtiyar,
Biri de gül yaprağı gibi güzel yüzlü bir genç gelse,
İkisi de fırıncıdan ekmek istese.
Fırıncı hemen bir somun kapıp, ihtiyara "al" diye verir.
Güzel olana da hemen bir ekmek verir mi?
Onu mümkün mertebe geciktirir, söze tutar:
"Az bekle taze ve sıcağı çıkıyor, ondan vereyim" der.
Hatta bununla kalmaz.
Oradan alıp böldüğü sıcak, taze bir ekmeğin arasına yanındaki helvadan koyup ikramda bulunur, buyur eder, bekletir.

❧

Kadın olsun, erkek olsun;
Her güzelin güzelliği, geçici bir zaman için Hakk'ın güzelliğinden alınmıştır.

Güzel ses dinlemek âşıkların ruhuna gıdadır.
Zira onda kalbin huzuru ve Hakk'ın hitabını hatırlama vardır.

Kim güzelliğini ortaya dökerse başına yüzlerce kötü kaza gelir.

Kendindeki güzellikler için kendini beğenme.
Göz göre göre belaya gidersin.
Yusuf gibi gözlerinin Allah'ı nazar etmesini istersen, soyun kibir elbisenden.
Kibir pençesine gömleğini parçalatma.

Kim daha güzelse kıskançlığı daha fazla olur.
Kıskançlık ateşten meydana gelir.
Dünya tuzaktır.
Yemi de istektir.
İstek tuzaklarından kaçının.

Çirkin de güzel de kendi elinle kazandığındır.

Kimde bir güzellik varsa bilsin ki ödünçtür.

Halk içinde ayna gibiyim, herkes bakar, güzel çirkin ne görürse kendini görür.

Güzellere güzellik gönülden gelir.

Gösterişten uzak dur kendini gizle.
Kim güzelliğini pazara çıkarırsa, şöhret peşinde koşarsa,
Kendini haraç mezat satmış, başına yüzlerce bela almış olur.
Edineceğin düşmanlar kıskançlıkla seni yaralar, incitirler...

❧

Bülbüllerin güzel sesleri beğenilir de bu yüzden kafes çeker onları.

Ama kuzgunla baykuşu kim kor kafese?

❧

Ne güzellik, ne iyi suret... Bil ki bunlar kötü huyla beraber olunca sahte bir akçe bile etmez.

Aşk, o yalımdır ki parladı mı sevgiliden başka ne varsa hepsini yakar.

Bir sofranın çevresine yüz adam oturur yer.

Fakat baş olmak isteyen iki adam, dünyaya sığamaz.

❧

Camdaki kir ve lekeye takılan camın ötesini göremez.

❧

Güzel öğütler verdik, yalnız Allah'ın yardımı olmazsa hiç faydası yok.

Hakk'ın ve O'nun sevdiklerinin imdadı yetişmezse amel defteri kapkaradır.

Ey Rabbim, sen varken başkasını anmak ve yardımını ummak bize yakışır mı?

Biz güzeliz sen de güzelleş, beze kendini.
Bizim huyumuzla huylan,
Bize alış başkalarına değil...

İBADET ve KULLUK

Allah'a secde ve Hak dostlarına hürmet için
her kalbe izin verilmemiştir.
Aklını topla da,
Nasıl olsa tövbe eder Allah'ın iyilik ve keremine
sığınırım düşüncesiyle günah işleme.

❧

Bir kimsenin farz olan ibadetleri yapmamakta inat edip,
Allah merhametli ve bağışlayıcıdır demesi;
Nefsinin kendi için kurduğu hile tuzağından başka bir şey değildir.

❧

Cenab-ı Hak, rahmetinden ümitsiz olanların da ibadetten bütünüyle yüz çevirmelerini istemez.
Onların da ibadetle şereflenmelerini ister.
Bir iki gün olsun Allah yolunda gitmelerini ister.
Allah'ın merhameti çok olduğu ve her şeyi kuşattığı için,
Rahmetinin iyileri de kötüleri de nurlandırmasını ister.

Her biri bir yana çeken duyu ve isteklerini Hakk'a kullukta eritip birliği gör.
Sen eritmezsen kulu kölesi olduğum Allah onu kendi eritir.

Seni Allah'a kulluk ve ibadetten ne soğutursa bil ki şeytan onda ve onun altına gizlenmiştir.
Şeytan kendine yardım edecek bir insan şeytanı bulamazsa,
Seni günaha sokmak için hayaline bürünür.

Mal, sadakalar vermekle hiç eksilmez.
Hayırlarda bulunmak, malı yitmekten korur.

Ateşe odun attıkça ateş nasıl söner? Şehvet ateşi de böyledir.
Ona ancak isteğini azaltmak ve vermemekte direnmek, çare olabilir.
Allah'tan korku ile ibadetler o ateşe su dökmektir.

❈

Bu seher vakti esen rüzgâr, Hak âşıklarının gönüllerindeki sırlara aşinadır.

Bu uğurlu zamanda sen de uyuma.

Bu zaman, yalvarma yakarma zamanıdır, uyuma zamanı değildir!

İki cihanın halkına, ilahi bir lütuf olarak ezelden ebede kadar kapanmayan dilek kapısı,

Seher vaktinde açıktır.

Fırsatı kaçırma, yatıp uyuma!

❈

Allah'ı zikretmekle, değerli bir insanın değeri artar, nurlanır.

Yolunu kaybetmiş kişiyi zikir, hakikat yoluna getirir.

Her sabah, her akşam, her namazda, bu "La ilahe illallah..." sözünü kendine vird edin.

❈

Bir insanın gençken, güçlü, kuvvetli ve sıhhatliyken yaptığı ibadet başkadır.

Gençlik çağı yeni bağ gibidir, bol bol meyveler yetişir.

Beden taze, iştah çeşmeleri gürül gürül ve coşkun akarak onu kuvvetle yeşertir.

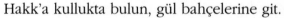

Hakk'a kullukta bulun, gül bahçelerine git.
Perde altına girmek veya gözünü kapamakla güneş ne kararır ne de işinden kalır.

Kul ol da yeryüzünde at gibi yürü.
Cenaze gibi kimsenin boynuna binme...

Ey pervane gibi cehennem ateşine koşan, unutma ve bir kere yanmış kanadına bak.
Günah tuzağından bir defa kurtulmanın şükrü bir daha o tuzak etrafında dolaşmamaktır.
Tuzaktan kurtulduğuna şükredersen, Allah sana tuzaksız nimet verir.
Hastalık ve bela anında "ya Rabbi" diye ne kadar dua etmiş,
İyi kulluk ve ibadet için sözler vermiş, şeytanın gözüne toprak saçayım demiştin.
Sonra hepsini unuttun.

A kardeş, keskin kılıcın üzerine atılmadasın,
Tövbe ve kulluk kalkanını almadan gitme.

Balığın ateşte kızarırken tavadan kurtulmak istemesi ile
cehenneme düşenin pişmanlığı ve geri dönüp ibadet
etme isteği hep akılsızlıktandır.

Ey nefis, doğrusunu söyle, nedir bu hilebazlık?
Anladım, şehvet düşkünü nefis ibadetlere yanaşmaz.

Beden aç kalmadan itaatkâr olmaz.
Onu tokken ibadete sevk etmek soğuk demiri dövmek
gibidir.
Nefis, kıtlık zamanı Hazreti Musa'nın huzurunda yerlere
kapanıp yalvaran Firavun'a benzer.
İnsan ihtiyaçtan kurtuldu mu azar.
Hani, eşeğin, sırtından yükü atınca çifte savurması gibi.

Ey insan!

Haddini bil.

Âlicenap değilsen iyi bir kul ol.

Ticaret ehli değilsen dükkân açma.

Hal ehli değilsen ağzını açma.

Büyüklerin olduğu mecliste ahkâm kesme.

Körler çarsısında ayna satma gafil!

Hakk'ın güzellik Dicle'sini tanıyanlar,

Dünya düşkünlüğünden kurtulup,

Hakk'a kullukta varlık testisini kırmaya çalışırlar.

Oruç tutmak güçtür, çetindir ama Allah'ın kulu kendisinden uzaklaştırmasından,

Bir derde uğratmasından daha iyidir.

Ayın, geceye sabretmesi, onu apaydın eder.

Gülün, dikene sabretmesi, güle güzel bir koku verir.

Aslanın, sabredip pislik içinde beklemesi, onu deve yavrusuyla doyurur.

Zahidin kıblesi, lütuf, kerem sahibi Allah'tır.

Tamahkârın kıblesi ise altın torbasıdır.

Birçok insan Hakk'a kulluk ve ibadette sapıklığa düştüğü halde,
Allah'ın rızasını kazanıp bu sevapla cennete gireceğini ümit eder.
Onların yaptıkları örtülü günahtır.
Bulanık suyun bir kısmını duru sanmak gibi.

Kendi iyilik ve ibadet sahibi olmadığı halde herkese iyiliği emreden kimse,
Kendisi hastayken insanları tedavi etmeye çalışan hekime benzer.

Bir kötülük yaptıktan sonra pişmanlık hissetmek,
Allah'ın inayet ve muhabbetine mazhar olmanın delilidir.
Sıkıntı ve huzursuzluk mutlaka bir günahın cezası,
Huzur ise bir ibadetin karşılığıdır.

SEMA

Semaya girdin mi iki dünyadan da dışarı çıkarsın.
Semanın âlemi, iki âlemden de dışarıdadır.
Yedinci göğün damı yüce bir damdır ama;
sema merdiveni bu damı da aşar geçer.
Bu damdan da yücedir.
Sema sizin malınız ve mülkünüz, siz de semanınsınız.
Aşk kollarını koynuma dolarsa ne yapabilirim ben?
İşte böylece, sema ederken kucaklarım onu;
bağrıma basarım.
Zerrelerin kucakları, güneş ışığıyla doldu mu,
hepsi de semanın feryadı olmaksızın
Oyuna girer, oynamaya koyulur.

Bedende tuhaf, görülmemiş bir tatlılık belirir; neyden.

Çalgıcının dudağından, dile damağa şeker tadı gelir.

Canımız, "Ruhumdan ruh üfürdüm ona..." sırrıyla dirilmiştir.

Helal şarabı içen beden,

Bu şarapla mest olan gönül ayrılık ateşinde kavrulur, pişer, olgunlaşır, gider.

Sema nedir biliyor musun?

"Beli" (evet) sesini işitmek; kendinden kopma ve O'na kavuşmaktır.

Sema nedir biliyor musun?

Dostun halini görüp bilmek ve ilahi âlem perdelerinden Allah'ın sırlarını işitmektir.

Sema nedir biliyor musun?

Varlıktan habersiz olmak ve mutlak fanilik içinde beka zevkini tatmaktır.

Sema nedir biliyor musun?

Nefisle harp etmek; yarı boğazlanmış bir tavuk gibi toprakta kan içinde çırpınmaktır.

Sema nedir biliyor musun?

Yakup Peygamber'in ilacını

Dâhi Yusuf Peygamber'e kavuşmanın kokusunu gömlekten hissedip koklamaktır.

Sema nedir biliyor musun?

Musa Peygamber'in asası gibi, Firavun'un büyücülere yaptığı o sihirlerini her dem yutmaktır.

Sema nedir biliyor musun?

Meleğin sığmadığı "lima Allah" sırrına vasıtasız olarak ulaşmaktır.

Sema nedir biliyor musun?

Şems gibi gönül açmak ve kutsi nurları görmektir.

Sema, ilahi vuslata erişmek içindir.
Sema ederken ne neyden haberimiz olur ne deften.

Sema, diri kişilerin canlarına rahattır, huzurdur; canında
can olan bilir bunu.
Gül bahçesinde yatıp uyuyan kişi uyanmayı ister;
Fakat zindanda uyumuş olan uyanırsa zindana düşmüş
olur.
Sema düğün olan yerde olur, yas olan yerde değil.
Yas yeri, feryat figan yeridir.

Tanbur, "Tentenen..." diye inlemeye başlayınca ten
zindanında mahpus olan gönül,
Elsiz ve ayaksız zincirini koparmaya koyulur.
Çünkü tanburun nağmelerinin mehtabında,
Gizlenmiş birinin sesi, ona,
"Ey yolunu şaşırmış, ayrılık hastalığına tutulmuş gönül,
gel!" diye seslenir.

Başımı koyduğum her yerde secde edilen O'dur.
Dört köşe ve altı bucakta tapılan O'dur.
Bağ ile bahçe, gül ile bülbül sema, sevgili; bütün bunlar
hep bahane; asıl olan O'dur.

Sema, gönüller alan sevgiliyle buluşmak içindir.
Yüzlerini kıbleye dönmüş kişiler bu dünyada da
semadadır o dünyada da.
Hele halka olup sema ederek dönüp duranların ortasında
Kâbe de olursa!
Bir parmak şeker istiyorsan zaten var, hem de bedava;
Eğer şeker madenini istiyorsan; o da burada.

Sema nedir?
Gönüldeki gizli erlerden bir âlemdir.
Garip gönül onların haberleri gelince dinlenir, rahata
kavuşur.
Aklın dalları budakları, bu yelle açılır saçılır, böylece
beden genişler, ferahlar, huzura erişir.

DOST ve DOSTLUK

Cemiyet ve cemaat yâri ol.
İnsanlardan dost bulamazsan
taştan kendine bir dost yont.
Bir kafilenin kalabalık ve anlaşmış olması,
Yol kesen haydutların mızrağını kırar,
sırtını yere getirir.

❧

Dostu görmeyen göz kör olsa daha iyidir.
Devamlı olmayan dost bizden uzak olsa daha iyi.

❧

Herkesin muhtaç olduğu, kimseye muhtaç olmayan yüce
Allah'a yemin olsun ki,
Zehirli yılan kötü arkadaştan iyidir.
Çünkü zehirli yılan insanın yalnız canını alır.
Kötü dostsa insanı cehennemlik eder, ahiretini de yıkar.

❧

Budalanın dostluğu düşmanlıktan kötüdür.
Ondan tek kurtuluş yanından kovmaktır.

Dost yolunda gevşeklik gösteren başkalarının yolunu vurur.
Bunlar mert değil namertlerdir.

Dosttan gelen bela sizi temizler.
Hakk'ın ilmi sizin tedbirinizin üstündedir.

Canını, feda edilmeye değer bir dosta feda edene ne mutlu.

Bizi dirilten o dost, ne kadar temiz, ne kadar tatlıdır, ne kadar hoştur, güzeldir.
Biz insanlar, ruhlardan, gönüllerden ibarettik, bedenlerimiz yoktu.
O aziz dost, bedenlerimizi, ruhlarımıza konukevi olarak yarattı.
O dostumuz, o efendimiz, lütfeder, kerem buyurursa bizi affeder,
Nasıl önceden yarattıysa, yine yaratır, bizi tekrar diriltir.

Dostların ziyaretine eli boş gelmek, değirmene buğdaysız gitmektir.

Herkes güneşi görebilseydi, güneşin ışıklarına delalet eden yıldızlara ne ihtiyaç vardı?

Ey dost! Dostlukta sana çok yakınız.

O kadar ki nereye ayağını bassan, sevine sevine o yerin toprağı oluruz.

Sevgilim, âşıklık mezhebinde reva mıdır ki, âlemi seninle görelim de seni görmeyelim?

Dostlara hayır zamanında da şer zamanında da teşekkürden kalmam,

Zira kaza ve kaderde beterin beteri vardır.

Dostların bir gün kabre koyup senden yüz çevirecekler.

Yarın olacağı sen şimdiden olmuş say.

Kıyamet günü böyle olacaktı, işte bana gelip çattı de.

Paranın geçmez olduğu anlaşılmışsa hemen elinden bırak.

Öğüt verenin çalışıp çabalamasından fazla öğüt alanda kulak gerek.

Dinlemeyenin inadı söyleyeni âciz bırakır.

Korukla üzüm birbirine zıttır ama, koruk olgunlaştı mı
güzel bir dost olur.
Güneşin ışığı pisliğe vursa bile pislenmez, ışıktır o.

O dost, beni sevgi ile nazla, çeşit çeşit nimetlerle besledi.
Etten, deri ve damarlardan dokunmuş çok değerli bir
kumaştan arkama,
Usta bir terzinin diktiği süslü püslü bir elbise giydirdi.
Aslında, tenimiz bir hırkadır.
Onun içinde bulunan gönül, sufi bir derviştir.
Şu gök kubbesinin içindeki bütün âlem, bir ibadet yeridir.
Şeyhimiz de O'dur.

Dost, dostun hayrını diler.

Dost; görüş, bilgi ve tedbirde merdivene benzer.
Seni aklıyla her an olgunlaştırıp yücelten dosttur.

Dostun hayali bizimle oldukça,
Bütün ömrümüz seyirle, seyranla geçer, mutlu bir hayat yaşarız.
Ey gönül; gönül nerede muradına ererse, sevdiğine kavuşursa,
Oradaki bir diken, binlerce hurmadan daha iyidir, daha hoştur.

Dostların birbirlerine hediye vermesi,
Dostluk konusunda şekilden başka bir şey değilmiş gibi görünüyorsa da,
Kalplerdeki gizli sevginin şahididir.

Dostlarla beraber olunca acı yemiş tatlanır.

KORKU ve UMUT

Gideceği yolu bilmeyen yolcu, kalbi tereddüt ve
elemle doluyken nasıl varabilir menziline?
Ona biri yanlış yoldasın dese tereddütle hemen durur!
Yolu bilen ve hakikatten haberdar olanın kulağına
böyle hayhuylar girer mi?

❧

Yakup Peygamber oğullarına,
"Yusuf'u haddinden fazla arayın.
Ağzınızla sorun, dört yana kulak verin,
Allah'ın rahmetinden ümit kesmeden gözlerinizle arayın.
Ne yanda bir güzel koku duyarsanız o tarafı koklayın.
Nereden onun güzel kokusunu alırsanız o tarafa yürüyün!" demedi mi?

❧

Dünya saltanatı bütünüyle baş korkusu, can ve din korkusundan ibarettir.
İnsan için bundan büyük imtihan olamaz.

❧

Ümit, güvenlik yolunun başıdır.

❦

Ey yolcu, deve yürekli korkakları yoldaş edinme!
Korku ve darlıkta onlar işe yaramazlar.
Lafta emsalleri yoktur, tehlikeyi sezince kaçarlar.
Zındıklardan savaş, tavus kuşundan av hüneri beklenmez.

❦

En ümitsiz anlarında Allah hem yüceltir, hem alçaltır.
Yer alçak, gök yüksek.
Yeryüzü senenin yarısında kuru ve çorak, yarısında yemyeşil çimenli ve çiçekli.
Yirmi dört saatin yarısı gündüz, yarısı gece.
İnsan bazen sıhhatli, bazen halsiz ve hasta.
Dünyanın hali bin bir çeşit; kıtlık, bolluk, savaş, barış, neşe ve keder.
Dünya sanki havada iki kanatla uçar, canlar korku ve ümit konağında barınır.
Âlem, hayatla diri, ölümle dal ucunda yaprak gibi titrek.
Renk renk, çeşit çeşit insanlar toprağın altında mezarda tek renge girmede.
Eskilik daima yeniliğin zıddı. Yalnız öbür âlemde zıtlık yok.
Muhammed Mustafa'nın (s.a.v.) nurunun cilasıyla yüz binlerce karanlık çeşidi ışık kesildi.
Ne uzunluk, ne kısalık, ne de genişlik kaldı.
Bütün gölgeler güneşle kayboldular.

⌘

Bütün peygamberler gösterişli ve heybetliydi, tek başına şahların ordularını mağlup ettiler.
Korku ve kederle vazifelerini yapmaktan geri kalmadılar.
Yalnız başlarına Allah'a şirk koşanlara karşı durdular.

⌘

Korkana güven verilir, yüreği hoplayan teskin edilir.

⌘

Ümitsizlik edip, gönlüne eziyet etme.
Geceye bakıp karartma kendini.
Bak ki ne doğacak güneşler vardır.
Dünya imkânlarla, çarelerle, dermanlarla doludur.
Her şeyin bir çaresi vardır.
Ölümden gayri.
Bil ki ölümün de çaresi vardır.
O da ölmeden önce ölmektir.
Birisi seni övmeye başlamışsa bil ki arkasından hakaret gelecektir.
Şeytan insanı günaha sürükledikten sonra, günahına el Fatiha okumanın bir faydası yoktur.

Halk fakirlik ve zaruret korkusundan akla gelmedik işler yapar.
Eğer fakirlikten korkacaklarına Allah'tan korksalardı,
Kendilerine define ve hazineler keşfolunurdu.
Kuran'da, "Her canlının rızkını vermek Allah'a aittir..."
buyrulmuş,
Cenab-ı Hak yarattıklarının rızkına kefil olmuştur.

Kaza ve kaderin seni korkutması iyiliğin için lütuftur,
böylece daha emniyetli kılar.

Sakın ümitsizliğe düşme, gönlünü hoş tut, her sesi işiten
ve imdadına yetişen Allah'a seslen:
"Ey affetmeyi seven, onulmaz yaraların tabibi olan yüce
Rabbim, bizi affet."
Ümitsizlikten sonra çok ümitler var, karanlığın arkasından
güneş doğar.

Her korkuda binlerce eminlik vardır, göz karasında onca
aydınlık mevcut.

MERHAMET

Ey şefkat ve merhamet sahibi Allah'ım,
Bize kalp inceliği ve tesirli sözler ilham et de
onunla merhametini kazanalım.

❧

Allah gel diyorsa başını ayak yap da koş.
Onun gel demesi insanı maddi manevi yüceliklere
kavuşturur.
Yalvaracaksan o merhamet ve adalet sahibi padişahtan
başkasına yalvarma.
Onun emri denizden toz koparır.

❧

Hazreti Peygamber şöyle buyurdu:
"Zenginken fakir düşene, aziz ve muteberken hor ve
zelil olana, seçkin biriyken cahillerin
alayına uğrayan âlime merhamet ediniz."

❧

Akarsuyun bulunduğu yerde yeşillik, gözyaşının bulunduğu
yerde merhamet vardır. Gözyaşı istiyorsan ağlayanlara acı,
merhamete kavuşmayı diliyorsan zayıflara acı.

Hastalık, içinde merhametler bulunan bir hazinedir.
Kalıp bozulunca ruh tazelenir.

Ben onu denesem ve bu yolda yüzlerce kılıç vursam o
merhametli sevgilinin sevgisi azalmaz.
O, kılıcı kendime vurduğumu bilir.
Çünkü gerçekte o benim, ben de o.

Hükümdar memleketin huzur ve saadeti için kan döker,
onun merhameti şiddetinden fazladır.
Padişahın ilahi ahlakla ahlaklanması ve merhametinin
şiddet ve hiddetini geçmesi gerekir.

Ben hürüm, öfke beni esir gibi nasıl bağlayabilir?
Gönlümde Hak sevgisinden başka bir şey yok.
O halde beri gel.
Allah'ın yardım ve lütfu seni inkârdan kurtardı.
O'nun merhameti gazabından fazladır.
Sen bir taştın, Cenab-ı Hak lütfuyla seni mücevher haline getirdi.

Yüksek mevki veya zenginliğiyle zavallıların gönlünü kıranlar,
Halkın da, Hakk'ın da sevgi ve merhametinden mahrumdur.

Avcı, kuşlara dane saçarsa bu hareketi merhametinden değil,
Onları avlamak istediği içindir.

Allah'ın has kulları merhametli ve yumuşak kalplidir.
İşleri düzeltmede ilahi ahlaka sahiptir.
Onlar şiddet ve sıkıntı zamanında rüşvet almadan yaratılmışlara acır ve yardım ederler.
Ey belaya düşen, başın belaya girmeden böylelerini ara ve kıymetlerini bil.

Mana âlemine kapı açanlar, iyiye de kötüye de şefkat ve merhamet gösterirler.

Yârle hoş geçinen kimse yârsiz kalmaz.

Müşterisi ile uzlaşan tacir, müflis olmaz.

Ay geceden ürkmediği, karanlığından kaçmadığı içindir ki nurlandı.

Gül, o güzel kokuyu dikenle hoş geçinmekle kazandı.

O padişah, kötü huylu kullarından yüz çevirmez.

Senin gibi yüzlerce kulunun suçuna, edepsizliğine bakmaz.

Bu sözü sen söyleme, bunu onun deniz gibi sonsuz olan lütfu söylesin.

O öyle merhamet sahibidir ki, bizim kötülüğümüzden kara şeytan kaçar da, o kaçmaz!

Şefkatli anne, çocuğum ağlasa da süt versem diye bahane arar.

Peygamberimiz, Allah'ın analardan şefkatli olduğunu bildirdi.

Siz de ağlayın ki Hakk'ın merhamet sütü ihtiyacınıza yetişsin.

Kalbe engin merhamet duygusu veren Rabbim,
Sen yaratış kudretini gösterdin, artık lütuf ve merhametini
göster.
Ey büyüklerin en büyüğü Allah'ım,
Duamız yakışık almıyorsa edilecek duayı bize ilham et.
Sevdiklerine ilham ettiğin gibi...

İkinci Bölüm:

MESNEVİ'DEN HİKMETLER

Nefret en kolayı.
Sevgi en tatlısı.
Yiğitlik bilek işi değil yürek işidir.
Yüreğini sevgi ile yiğit kıl ki
kötülük senin sırtını yere getirmesin.

HAYVANLARIN DİLİ

"Dil, tencerenin kapağına benzer. Kıpırdadı da kokusu
duyuldu mu, ne pişiyor anlarsın. Sözle anlatılan şey,
yalan bile olsa, kokusu, gerçek olduğunu da
haber verir, yalan olduğunu da."

❧

Adamın biri Hazreti Musa'ya gelerek şöyle dedi: "Hayvanların dillerini öğrenmek istiyorum. Böylece kurdun, kuşun sözlerini duyayım da dinime ait işlerde ibret sahibi olayım. Bana onların dillerini bellet."

Musa, "Yürü git..." dedi. "Vazgeç bu sevdadan. Çünkü bunun birçok tehlikeleri var. Uyanmayı Allah'tan dile."

Hazreti Musa, adamı bu tür sözlerle vazgeçirmeye çalıştıysa da, adam iyice kızıştı, üstüne düştü. Zaten insan bir şeyden alıkonulmak istendi mi, o şeye karşı hırsı artar. Adam ısrar etti:

"Beni bu isteğimden mahrum etmek senin lütfuna sığmaz ey cömert er! Bu zamanda Allah'ın halifesi sensin. İsteğimi yerine getirmezsen beni üzmüş olursun."

Musa, "Ya Rabbi..." dedi. "Bu bön adamı olsa olsa taşlanmış şeytan aldatıyor. Öğretsem ziyana uğrayacak; öğretmesem gönlüne kötü düşünceler gelecek."

Allah buyurdu:

"Ey Musa, öğret. Bırak da dilediğini yapsın. Çünkü

dilediğini yapmak kulluğun gereğidir."

Yine Hazreti Musa, adama acıdı, öğüt vermeyi denedi: "İsteğin seni mahcup eder, yüzünü sarartır. Pişmanlıktan ellerini dişlersin, elbiselerini yırtarsın sonra. Gel, bu hevesten vazgeç."

Adam, "Bari, kapı dibinde yatıp duran köpekle, şu kümes hayvanlarının dillerini öğreneyim..." dedi.

Musa, baktı ki olacak gibi değil, kabul etti: "Peki öyleyse, bu ikisinin dillerini anlayacaksın, yürü git!"

Adam sevinerek gitti. Ertesi sabah da bakalım gerçekten, dillerini biliyor muyum diye kapı eşiğinde beklemeye başladı. Biraz sonra hizmetçi kadın sofra bezini silkelerken bir lokmacık bayat ekmek düştü. Horoz bu ekmek parçasını hemen kapıverdi. Köpek, "Hadi git!" dedi horoza. "Bize zulmettin sen. Sen buğday tanesi de yiyebilirsin. Halbuki ben yiyemem. Bunu bildiğin halde, kısmetimiz olan şu bir parçacık ekmeği bile çok görüyorsun!"

Horoz ona cevap verdi:

"Üzülme, buna karşılık Allah sana başka şeyler verir. Bak, yarın ev sahibinin atı ölecek. Doya doya et yersin, gamlanma."

Adam bu sözleri duyunca, atını hemen pazara götürdü ve sattı. Böylece horoz, köpeğe karşı yalancı çıktı. Ertesi gün horoz yine ekmeği kapınca, köpek açtı ağzını, yumdu gözünü:

"A yalancı horoz! Ne vakte dek sürecek bu yalan? Zalim

ve yalancısın. Kara yüreklisin. At ölecek dediydin, hani nerede? Sen düzenci körün birisin, sözünde hiçbir doğru yok!"

Her şeyden haberi olan horoz, köpeğe, "At öldü, öldü ama başka yerde. Ev sahibi onu satıp ziyanı başkalarına yükledi. Ama için rahat olsun, yarın katırı ölecek, köpeklere şölen var!" dedi.

Bunları duyan adam, götürüp katırını da sattı. Köpek, horoza dedi ki:

"A davullu dümbelekli yalancılar beyi, hani nerede sözün?"

Horoz, "Acele katırı da sattı. Fakat yarın kölesi ölecek, ölünce de yoksullara, köpeklere ekmekler dağıtılacak!" dedi.

Adam, bunu da duyunca beti benzi attı. Kölesini götürüp sattı. Şükürler etti, sevindi, "Dünyada üç felaketten kurtuldum!" dedi.

Ertesi gün, o zavallı köpek, "A saçma sapan şeyler söyleyen yalancı horoz!" diye çıkıştı. "Yalanın niceye, ne vakte dek sürecek? Sen yalandan başka şey bilmez misin?" dedi.

Horoz, "Hâşâ!" dedi. "Ne ben, ne de benim cinsimden olan horozlar yalan söyleriz. Biz horozlar, müezzin gibi doğruyu söyleriz, güneşi gözetler, vakti bekleriz. Allah bizi, namaz vaktini bildirmek üzere âdemoğluna hediye etmiştir. İçimizden biri yanılır da, vakitsiz öterse, o ötüşü ölümüne sebep olur... Evet, sahibimiz kölesini de sattı. Köle, alan adamın yanında öldü. Malını kaçırdı ama, iyi bil ki kendi kanına girdi. Çünkü bir ziyana uğramak birçok ziyanları kovacaktı. Canına gelecek bela malına gelecekti. İşte şimdi, yarınki gün kendisi ölecek. Adam ölünce sana da epey yemek düşecek. Mirasa konan feryat figan ederek bir öküz kesecek çünkü. Sonra koca koca ekmekler dağıtılacak. Atın, katırın ölümü bu ham adama perde olmak içindi."

O adam bütün bu sözleri dinliyordu. Birden telaşa kapıldı. Koşarak Hazreti Musa'nın kapısına vardı. Korkudan titriyordu:

"Ey Allah'ın peygamberi, yardım et bana! Kurtar beni bundan!"

Musa dedi ki:

"Yürü, kendini sat da kurtul; mademki usta oldun, kurtul kuyudan. Akıllı kişi, işin sonunu gönlüyle önceden görür. Bilgisiz kişiyse işi olup bittikten sonra görür."

Adam, "Başıma kakma, yüzüme vurma. Bilgisizin biriyim ben, bana güzel bir karşılık ver..." dedi.

"Artık ok yaydan fırladı. Onun geriye dönüp yeniden yaya gelmesi âdet değil. Ancak dilerim ölürken imanını kurtarırsın."

O sırada adamın durumu değişti, gönlü bulandı. Dört kişi yatağına götürdüler. Ayakları birbirine dolaşıyordu. Musa, o seher vakti duaya başladı:

"Ya Rabbi, onu imansız götürme. O yanıldı, şaşkınlıkta bulundu, haddi aştı. Bu bilgi senin haddin değil dedim ona; sözümü dinlemedi, başımdan savıyorum sandı.

Kullarını görüp gözeten Rabbim, o denize atıldı. Fakat su kuşu değil, boğuldu gitti."

Allah, "Peki!" dedi. "Onun imanını bağışladım. Hatta, senin için şimdi onu diriltirim de. Hatta senin için şimdi, yeraltındaki bütün ölüleri diriltirim."

Musa şu karşılığı verdi:

"Bu dünya ölümlü dünya. Öbür dünya ise aydın dünyadır. Onu orada dirilt Rabbim. Bu yokluk yurdudur, varlık dünyası değil. O halde eğreti bir geri dönüşte yarar yok."

∽

Bu kıssanın hikmeti odur ki,
Herkes haddini bilmeli, Allah'ın kendine verdiği nimetlerle yetinmeli.
İhtiras, haddi aşmak kişiyi tehlikelerin kucağına götürür de geriye kurtuluş yolu kalmaz.

SUSUZ ADAM

"Başın ırmağın suyuna dalmadıysa,
suyun rengini nasıl görebilirsin?
Suyun tadına eremeyen kuyunun içinde susuzum diye
bağırsa hangi kervan duyar ki?"

Bir ırmak kıyısında yüksek bir duvar vardı. Duvarın üstünde de çok susamış bir adam oturuyordu. Suya yetişmesine duvar mâniydi. Zavallı adam, susuzluktan balık gibi çırpınmaktaydı. Birdenbire suya bir kerpiç parçası attı. Suyun sesi kulağına tatlı ve hoş bir nağme gibi geldi. Adam suyun dingin sesinden hoşlanıp duvardan mütemadiyen kerpiç kopararak suya atmaya başladı.

Bunun üzerine su, adama seslendi:

"Ey adam, bana böyle taş atmadan ne fayda elde ediyorsun?"

Susuz adam dedi ki:

"Bunda iki fayda var. Birinci fayda şu: Su sesini duymak, susuzlara rebap dinlemek gibi gelir. Diğer faydası ise duvardan koparıp suya attığım her taş, her kerpiç parçası, yüksek duvarı daha alçalttığı için benim suya yaklaşmama sebep oluyor."

ALDANMA KUYUSU

"Ahlaksızların bağırışı ile yürekli yiğitlerin naraları,
tilkiyle aslanın sesi gibi meydandadır."

&

Vaktiyle bir ülkede bir padişah ve onun da canından çok sevdiği bir oğlu yaşardı. Son derece iyi yetişmiş, okumuş, hocalardan dersler almış, kendisine gerekli olan ve olacak bilgilerle donanmış bir veliahttı. Padişaha Allah'ın emri gelip de dünyadan göçünce vâris olacak tek kişiydi. Gecelerden bir gece padişah rüyasında oğlunun öldüğünü gördü. Görünce de korku içinde uyandı. Düş olduğunu fark edince derin bir "Ohh!" çekti. "Şükürler olsun rüyaymış!"

Düş gördüğünü anlaması rahatlattı padişahı ama yine de içine bir kurttur düştü.

"Tahtımın tek vârisi o!" diye düşündü. "Ya ölürse ne yaparım ben?"

Ve oğlunu hemen evlendirmeye karar verdi. Öyle ya, bir erkek torunu olursa kendisini daha iyi hissedebilir, gönlü biraz daha rahat olabilirdi. Aradı taradı, sordu soruşturdu, sonunda, kendisi yoksul gönlü zengin bir dervişin kızına talip oldu. Talip olan padişah olunca da akan sular durdu. Derviş kızını verdi. Gerçi hanım sultan karşı çıkmış,

"Fakir bir dervişin kızını oğluma nasıl layık görüyorsun?"
diye çıkışmıştı.

Ama padişah, "Fakir olmak ayıp değil!" demişti.

"İnsanın gönlü zengin olmalı!"

Derviş kızı vermiş ve düğün hazırlıklarına başlanmıştı.
Lakin şehzade hazır değildi evlenmeye. Çünkü o,
Kâbil'de büyücülükle uğraşan bir kadının tuzağında
çırpınıp durmaktaydı. Kadın kendisine âşık etmişti
çocuğu. Çocuk yanıp tutuşuyordu, uğrunda her şeyi
göze alacak kadar bağlıydı kadına. Bir tahtın vârisi
değil de zincire vurulmuş bir köleydi sanki. Kadın ne
dese yapıyor, ne istese getiriyor, ne istemese ondan
uzaklaştırıyordu. Güçsüzleşmiş, zayıflamış, yarı sarhoş
bir halde dolaşıyordu.

Padişah durumu öğrenince derin bir üzüntü ve kaygıya
düştü. Ne yapacağını şaşırdı. Ülkesinde ne kadar hekim,
büyücü, falcı, doktor varsa çağırttı. Oğlunu kurtarmaları için
ne gerekiyorsa yapmalarını istedi. Bir yandan da Allah'a
yakararak onu kendine geri vermesini diledi. Sonunda sihir
işlerinde hayli mahir biri geldi saraya. Şehzadeyi dinledi,
hemhal oldu, derdini öğrendi. Ve padişahın huzuruna
gelerek, "Sultanım..." dedi. "Siz rahat olun. Kadın çok fena.
Öyle her büyücünün başa çıkacağı türden biri değil. Fakat
ben sorunu çözeceğim, üzülmeyin." Ve uğraştı, sonunda
dediği gibi yaptı; şehzade kadından kurtuldu.

Şehzade kendine gelir gelmez babasına koşarak, "Seni
üzdüğüm için beni bağışla!" dedi. Elini öptü, özür

diledi. Düğün hazırlıklarına yeniden başlandı. Padişah buyruklar vererek, şanına layık bir şenlik olması için ne gerekiyorsa yapılmasını emretti. Büyücü kadın ise üzüntüsünden ölmüştü. Düğün yapıldı, düğün gecesi damatla gelin odalarına çekildiler.

Çekildiler ki şehzade ne görsün? Göz kamaştırıcı bir güzellik, ışıl ışıl aydınlık bir çehre, iri badem gözler, elma yanaklar, kiraz dudaklar...

"Aman Allahım!" dedi kendi kendine. "Bu ne güzellik!"

Aradan bir sene geçmişti. Baba oğul oturmuş söyleşirken, padişah, veliahdına, "Nasıl, eski sevdalın hatırına geliyor mu hiç?" diye sordu. "Aman baba!" dedi şehzade. "Ne eskisi ne sevdası? Ben şimdi mutluluk ülkesindeyim, aldanma kuyusundan kurtulalı bir yıl oldu."

⁂

Bu kıssanın hikmeti odur ki, bazen hayaller bizi büyüleyip yanıltabilir. Mutluluğu ararken tuzaklara düşebiliriz. Hayatla ilgili büyüklerimizin, bilhassa anne babamızın öğreti ve tavsiyelerine kulak vermeli, itaat etmeliyiz. Renkli yaşantılara kapılmak dönüşü olmayan uçurumlu yola düşürebilir. Bize hoş gibi gözüken şeyler günü gelir canımızı incitebilir.

HAZİNE

"Altın ne oluyor, can ne oluyor, inci, mercan da nedir
bir sevgiye harcanmadıktan, bir sevgiliye
feda edilmedikten sonra!"

❦

Adamın biri bütün parasını batırmış, elinde avucunda hiçbir şey kalmamış. Malı mülkü elinden giden adam çaresiz kalakalmış. Ağlayıp sızlamış, kendini yerden yere vurmuş. Sonunda bakmış ki, yüce Allah'a el açmaktan başka çaresi yok. Başlamış gece gündüz duaya, yalvarıp yakarmaya.

"Ey yücelerin yücesi, ey kurdu kuşu yaratıp koruyan!" demiş. "Sen ki beni çalışıp yorulmadan yarattın, kazancımı da ben çalışmadan ver! Başımda gizli beş inci verdin bana, ayrıca beş duygu... Senden gelen bu vergi, bu bağış sayıya sığmaz. Anlatamam, dilsizim, utanıyorum. Beni yaratan yalnız sensin, rızkımı da sen düzene koy!"

Müflisin dualarının ardı arkası kesilmemiş. Bıkıp usanmadan yıllarca dua etmiş. Yakarışları sonunda işe yaramış. Bir gece, rüyasında yaşlı bir adam görmüş. Yaşlı adam ona, "Ağlayıp inleyen, gözleri uykusuzluktan yorgun kişi!" demiş. "Komşun olan kâğıtçının dükkânındaki kâğıtların içinde bir kâğıt ara. Gizlice bak onlara. Onların arasında şu şekilde, şu renkte bir kâğıt var. Onu al, dışarı çık, kalabalıktan bir yana çekil. Bir arkadaş da arama. Onu yalnızca sen oku. Ona göre hareket et. Ama bu iş anlaşılıp meydana çıkarsa da sakın üzülme; çünkü senden başkası, o gömüden beş para bile bulamaz. İş uzarsa da sakın ümidini kesme."

Yaşlı adam bunları söyledikten sonra, elini yoksulun göğsüne koymuş. Ardından da, "Hadi..." demiş. "Yürü, zahmet çek biraz!"

Adam gözlerini açmış. Yataktan hemen fırlamış. Sevincinden yerinde duramıyormuş. Hemen kâğıtçı dükkânına gelmiş. İzin alarak çöpe atılmış olan kâğıtları karıştırmaya başlamış. Karıştırırken bir kâğıt ilişmiş gözüne. Rüyasında gördüğü adamın söylediği kâğıdın ta kendisiymiş. Hemen kâğıdı almış. Kâğıtçıdan izin alıp dışarı çıkmış. Tenha bir yer bulup kâğıdı açmış. Okuyunca şaşırıp kalmış. Kâğıtta şunlar yazılıymış:

"Bil ki şehrin dışında bir hazine var. İçinde bir şehidin mezarı olan, arkası şehre, kapısı ovaya bakan bir kubbenin yanına git. Arkanı ona dön, yüzünü kıbleye çevir, sonra yayınla bir ok at. Ok nereye düşerse orayı kaz."

Bunları okuyan adam, gidip çok sert bir yay, kazma ve kürek almış. İçinde şehidin mezarı bulunan, şehrin dışındaki kubbenin yolunu tutmuş. Oraya varınca kubbeye arkasını dönmüş, yüzünü kıbleye çevirmiş, yayını gerip okunu atmış. Varıp okun düştüğü yeri kazmaya başlamış. Kazmış ama bir şey çıkmamış. Adam günlerce bu işi tekrarlamış. Uğraşıp didinmiş. Oku defalarca atmış, düştüğü yerleri de kazdıkça kazmış. Öyle ki kazma kürek körleşmiş ama defineden en ufak bir iz bile görülmemiş. Adamın her gün oraya gelip gidişi şehirde dedikoduya yol açmış. Hemen herkes onu konuşmaya başlamış. Derken çenesi düşükler işi padişahın kulağına kadar götürmüşler. "Falan adam elinde bir kâğıtla define arıyor!" demişler. Padişahın adamları gelip onu yakalamışlar. Zaten adamın kaçıp kurtulması mümkün değilmiş. Bakmış ki çıkar yol yok, teslim olup başına geleceklere razı olmuş. Padişahın huzuruna varınca da eza ceza görmeyeyim diye, defineyi tarif eden kâğıdı padişahın önüne koymuş. Sonra da şunları söylemiş:

"Bu kâğıdı bulduğum günden beri uğraşıp didiniyorum, onca zahmete katlandım, günlerdir yılan gibi kıvranıp duruyorum, bir aydır dilim damağım kurudu, ağzımın tadı tuzu kaçtı, ama bir türlü defineyi bulamadım. Onun zararı da haram oldu bana, kârı da... Ey kaleler fetheden padişahım, belki senin bahtın bu definenin perdesini yırtıp atar."

Padişah definenin yerini gösteren kâğıdı alır almaz buyruk salmış. Kâğıtta belirtildiği gibi ok attırıp kazdırmış. Bu iş altı ay kadar sürmüş. Padişah denemedik yay, attırmadık ok bırakmamış. Ama bütün çabalar boşa gitmiş. Padişah hayal kırıklığından, zorluktan, eziyetten, dert ve sıkıntıdan başka bir şey elde edememiş. İş uzayıp gitmiş. Padişah da defineyi aramaktan usanmış. Ovayı baştan aşağı kazdıran padişah, sonunda pes etmiş. Kâğıdı öfkeyle adamın önüne atıp, "Hiçbir işe yaramayan bu kâğıdı al!" demiş.

"Bu, benim gibi işi gücü olanın yapacağı iş değil. Gayri bu iş için senin gibi adam gerek. Bu iş sana layık, çünkü işin gücün yok senin. Hadi ara onu, bulabilirsen bul, helal ettim sana o defineyi."

Adam, padişahın verdiği kâğıdı almış. Düşmanlarından emin bir şekilde tekrar kubbenin bulunduğu yere gitmiş. Gönlünü günlerdir yakıp kavuran işe yeniden sarılmış. Bir yandan da şöyle dua ediyormuş:

"Ey sırları bilen Rabbim, bu define yüzünden ömrümü yitirdim. Hırs ve tamah şeytanı, acelecilik verdi bana. Düğüm çözene başvurayım da, şu düğümü çözeyim demedim. Bu acelecilikten tövbe ettim, değil mi ki kapıyı sen bağladın sen aç..."

Eline yayını tekrar almış. O anda defineyi bulacağına dair bir his belirmiş içinde. Yayını öylesine gerip oku fırlatıvermiş. Gitmiş, okun düştüğü yeri son bir gayretle kazmış. Sonunda defineyi bulmuş. Yüce Allah'tan ümidini kesmemesinin, onca zahmete katlanmasının karşılığını görmüş.

***

Bu kıssanın hikmeti odur ki,
Ne istersek hayırlısını isteyelim.

Allah'tan ümidimizi kesmeyelim.

Kul nasibi kadar yaşar, kısmeti olanı kadarını yer.

Dua en iyi ilaçtır.

Ümitsizlik anında daima dua edelim.

HALİNE ŞÜKRETMEK

"O kadar çok koşmayın, o kadar yorulmayın.
Şu yerin altında çırak ne olmuşsa usta da o olmuştur."

❦

Yoksul bir saka, bu sakanın da su taşıdığı bir eşeği varmış. Hayvan çektiği eziyetten iki büklüm olmuş, bir deri bir kemik kalmış. Hemen her gün ağır yükler taşıyan eşeğin sırtında yaralar çıkmış. Yüz yerde, yüz yara açılmış. Zavallı eşek değil arpa, kuru ot ve saman bile bulamıyormuş ki karnını doyura! Açlık yetmiyormuş gibi bir de sahibinden orasına burasına inen sopası! Öyle bir gün gelmiş ki, artık ölümü ister olmuş. İmrahor denen padişah ahırlarının bakıcısı, bir gün sakaya rastlamış. Sakayla tanışıklığı, dostluğu varmış. Selam vermiş, hal hatır sormuş. Yanındaki eşeği görünce, "Zavallı eşek!" demiş. "Ne oldu buna böyle? İnce bir dal gibi iki büklüm olmuş!"

Saka yana yakıla, "Hep benim kusurumdan, benim yoksulluğumdan..." demiş. "Şu ağzı dili olmayan zavallı hayvana bir şey bulup veremiyorum ki yesin..." İmrahor, "Sen bu hayvanı birkaç gün bana ver..." demiş. "Onu padişahın ahırında biraz alıkoyayım. Kendine gelip kuvvetlensin."

Saka, sevinerek bu teklifi kabul etmiş. İmrahorla birlikte

eşeği padişahın ahırına götürmüş, onun gösterdiği yere bağlamış. Eşek, etrafına şöyle bir bakınmış. Semiz, gürbüz, genç ve güzel Arap atlarını görmüş. Hepsi de tımarlıymış. Ayak bastıkları yerler bile süpürülmüş, tertemizmiş. Arpaları, samanları da hepsinin başucundaymış. Bir onlara, bir kendine bakıp, "Ey yüce Rabbim!" demiş. "Bu nasıl iş? Tut ki eşeğim, ama ben de senin bir yaratığın değil miyim? Neden her yanım yara bere içinde? Geceleri sırtımdaki yaraların sızısından, karnımın açlığından yatamaz oldum; ölümüm için yalvarıp durdum. Oysa şu atların durumuna bak! Hepsinin de keyfi yerinde. Bu arıklık, bu zayıflık, bu perişanlık, bu eziyet, bu bela bana mı mahsus? Neden bu?"

Aradan birkaç gün geçmeden bir savaş patlak vermiş. Davullar çalınmış; ahırdaki Arap atlarına eyerler, gemler vurulmuş. Atlar savaş meydanına sürülmüş. Savaş günlerce sürmüş. Atların kimi atılan ok ve mızraklarla, kimi çalınan kılıçlarla yaralanmış. Kimileri derin yaralar alıp kızıl kanlar içinde kalmış. Kimileri de ölümcül bir yara alıp düştüğü yerden kalkamamış.

Günlerce süren savaştan sonra dönen atlar, ahıra zar zor girebilmişler. Hepsi de bitkin bir haldeymiş. Bazıları ahıra girer girmez yerlere yığılmışlar. Nalbantlar ve baytarlar gelmişler, hançerler ellerinde sıra sıra dizilmişler. Atların ayaklarını sağlam iplerle bağlamışlar. Yaralarını yarmışlar, vücutlarında kalan ok uçlarını, mızrak parçalarını çıkarmışlar. Derin yaraları dikmişler.

Eşek, bütün bunları görünce, "Aman Allahım!" demiş. "Demek, beterin beteri varmış. Ey yüce Rabbim! Yakınmalarımdan ötürü beni bağışla! Yoksulluğa razıyım! Yeter ki, şu zavallı atların düştüğü belalardan uzak olayım!" demiş.

***

Bu kıssanın hikmeti odur ki,
Başımıza bir sıkıntı gelince hemen ah edip vah edip sızlanıp asi olmayalım.
Çünkü beladan büyük belalar vardır.
Bizim beter olarak gördüğümüz de hikmetli bir ders olabilir.
Halimize şükretmek gerek.
Zira beterden de büyük beterler vardır.
Üzerimize düşen görevi küçümser ciddiye almazsak, o görev külfete dönüşür.
Görevden kaçmak sorumsuzluktur.

BEZİRGÂN İLE PAPAĞAN

"Tavus kuşu gibi sadece kanadını görme,
ayağını da gör."

∞

Bir tüccarın, çok sevdiği bir papağanı varmış. Kafeste tuttuğu bu güzel kuşa, gözü gibi bakarmış. Bu tüccar zaman zaman ticaret için yola çıkarmış. Yine bir gün Hindistan'a gitmek için yol hazırlığına başlamış. O sırada yanında çalışanlardan her birine ayrı ayrı, "Sana Hindistan'dan ne getireyim? Ne istersin?" diye sormuş.

Yanında çalışanların her biri ayrı bir şey istemiş. Onların isteklerini bir yere kaydetmiş. Sonra papağanın yanına gelmiş. Papağana, "Ey güzel kuşum, sana ne getireyim? Hindistan'dan sen ne istersin?" diye sormuş.

Papağan, "Falan ormana uğra. Oradaki papağanları görünce halimi anlat ve onlara, 'Falan papağan benim kuşumdur. Ben onu kafeste besliyorum. Size selam söyledi ve şunları söylememi istedi de..." demiş:

"Ben gurbet ellerde kafeslerde sizin hasretinizle can vereyim, siz özgürce yeşillikler içinde dolaşıp durun. Bu reva mıdır? Hiç değilse bir seher vakti bu garibi de hatırlayın ki, birazcık mutlu olayım."

Tüccar, "Sadece bu kadar mı?" demiş.

Papağan, "Başka bir şey istemem!" diye cevaplamış.

Tüccar kervanını düzmüş, yola koyulmuş. Günler, geceler boyu yol gitmiş. Sonunda Hindistan'a varmış. İlkönce çok sevgili papağanının söylediği ormana uğramış. Meğer yeşilliklerle kaplı bu yer, papağanların anavatanıymış. Sayısız papağan varmış. Kendi hallerinde ötüşüp duruyorlarmış. Tüccar hemen atını durdurmuş. Bir papağan sürüsüne yaklaşıp, "Ben falan memleketten, filan kişiyim. Ticaret yapmak için buralara geldim. Benim bir papağanım var. Size selam söyledi ve böyle böyle dememi istedi..." demiş.

Tüccar sözlerini bitirir bitirmez papağanlardan birisi titremiş, nefesi kesilmiş, düşüp ölmüş.

Bu durum karşısında şaşkına dönen tüccar, bu haberi verdiğinden dolayı bin pişman olmuş. Kendi kendine, "Ne yaptım ben?" demiş. "Bu zavallı kuşun ölümüne sebep oldum. Galiba bu ölen kuş, benim kuşumun bir yakını, onu candan seven biri olsa gerek. Yakınının durumunu öğrenince, ondan uzakta olmanın acısına dayanamayarak öldü."

Aradan bir hayli zaman geçmiş. Tüccar alışverişini bitirip memleketine dönmüş. Herkesin istediğini bir bir vermiş. Çok sevdiği papağanı da, kafesinde bu olanları seyrediyormuş. Sonunda dayanamayıp tüccara seslenmiş: "Hemcinslerimi, dostlarımı gördün mü? Söylediklerimi ilettin mi onlara? Ne dediler sana? Ne gördünse, ne dedilerse anlat; beni de mutlu et."

Tüccar son derece üzgün, "Sevgili kuşum!" demiş. "Kusura

bakma. Söylemesem daha iyi olacak sanıyorum. Çünkü hâlâ o saçma sapan haberi götürerek yaptığım akılsızlığa ve cahilliğe yanmaktayım. Onun için anlatmasam daha iyi." Papağan anlatması için ısrar etmiş. Bunun üzerine, tüccar da istemeye istemeye olanları anlatmış: "Söylediğin yere vardım. Dostların olan papağanları gördüm. Selamını ve senin söylediklerini ilettim, içlerinden biri buna dayanamadı. Çok üzüldü, titredi, bir anda hareketsiz kaldı ve öldü. Söylediklerime bin pişman oldum. Fakat boşuna, bir kere söylemiş bulundum."

Tüccarın bu sözlerini duyan papağan, kafesin içinde titremiş; bir anda hareketsiz kalmış ve çok geçmeden de düşüp ölmüş. Bunu gören tüccarın aklı başından gitmiş. Ağlayıp sızlamaya başlamış. Külahını yere vurup, "Ey güzel kuşum, sana ne oldu? Ne hale geldin? Ben ne yaptım? Başıma ne işler açtım?" diye dövünmüş. Tüccar sonunda ölü papağanı kafesten çıkarmış. Pencerenin kenarına getirip bırakmış. Papağan o anda canlanıp uçmuş. Bir ağacın en yüksek dalına konmuş.

Tüccar bu işe şaşıp kalmış. Aklı başına geldikten sonra papağana seslenmiş:

"Ey güzel kuşum! Bu ne iştir, bu ne haldir? Anlat hele... Bu hileyi nasıl öğrendin de beni kandırdın?"

Papağan konduğu yerden seslenmiş:

"Sevgili efendim! O Hindistan'da gördüğün papağan, benim selamımı alınca ölmüş numarası yapıp bana şu haberi göndermek istedi: 'Eğer kurtulmak istiyorsan ölmüş numarası yap.' Ben de gördüğün gibi onun dediğini yaptım ve kafesten kurtuldum. Şimdi artık istediğim gibi uçabilir, istediğim yere gidebilirim. Hadi hoşça kal..." Papağan bir anda havalanmış. Uçarak gözden kaybolmuş. Tüccar da arkasından bakakalmış.

DEVENİN AKILLISI

"Demirciliği bilmiyorsan, demirci ocağından geçerken
sakalın da yanar, saçın da."

⬥

B ir deve, bir öküz ve bir koç nasıl olmuşsa arkadaş olmuşlar; otlanmaya çıkmışlar. Giderlerken bir yol ağzında bir demet ot bulmuşlar. Önce ota, sonra birbirlerine bakıp durmuşlar. İlk söze giren koç olmuş: "Bunu aramızda pay edersek, besbelli ki hiçbirimiz doymayacağız bununla..." demiş. "İçimizde hangimiz daha yaşlıysa, bu otu o yesin. Doğru olan budur. Çünkü yaşlılara öncelik vermek gerek. Bize öğretilen görenek budur. Gerçi bu zalim devirde, yaşlıları iki yerde öne geçiriyorlar: Ya ateş gibi sıcak aşa buyur ediyor, ya da yıkılmaya yüz tutmuş köprüde öne sürüyorlar. Her neyse yoldaşlar, değil mi ki böylesine güzel bir nimet bulduk, hadi her birimiz ömrümüzün başlangıcını söyleyelim. Bakalım, hangimiz daha yaşlı? Bunu anlayalım da, otu daha yaşlı olana bırakalım."

Öküz ile deve, koçun bu sözlerini dikkatle dinlemişler.

Koç söz almış:

"Ben, Hazreti İsmail'in yerine kurban olarak gönderilen koçla dünyaya geldim. O zamandan beri otlayıp dururum."

Söz sırası öküze gelmiş. Öküz şöyle bir böğürüp, ardından konuşmuş:

"Ben küçük yaştayken, insanların atası Hazreti Âdem'in çift sürdüğü öküzle eştim. Bizimle yeryüzünü sürüyor, ekin ekiyordu. İşte o zamandan beri yaşıyorum."

Koç ve öküzün bu olmadık, ipe sapa gelmez sözlerini duyan deve, hemen başını eğmiş; yerden o ot demetini almış, havaya kaldırmış, hiçbir söz söylemeden otu ağzına atıp yiyivermiş. Kendisine şaşkın şaşkın bakan koç ve öküze de, "Benim yaşımı söylememe gerek yok!" demiş. "Böylesine bir cüssem, böylesine büyük bir boynum varken aklı olan herkes bilir ki, ben sizden küçük değilim."

DİL BİLGİNİ İLE GEMİCİ

"Bildiğin, öğrendiğin ezberse ve hayatında canlı değilse sen de canlı kalamazsın. Hayatını değiştirecek hikmet dolu bilgileri öğren, gerisi beynini yoran tozdur."

❧

B ir dil bilgini bir gemiye binmiş. Epey bir yol aldıktan sonra gemiciye sormuş:

"Ey gemici, dilbilimini bilir misin?"

Gemici, "Hayır, bilmem!" demiş.

Dil bilgini gülerek, "Desene ömrünün yarısı boşa gitti!" diye cevaplamış.

Gemici bu sözlere alınıp kızmış, fakat ses çıkarmamış. Bir zaman sonra bir fırtına kopmuş. Gemi bir girdabın ortasında kalakalmış. Çok korkan dil bilgini bir yere büzülmüş, öylece beklemekteymiş. Onun bu halini gören gemici, dil bilginine seslenmiş:

"Muhterem efendim, yüzme bilir misin?"

Dil bilgini, "Ne gezer, ben yüzme bilmem!" demiş.

O vakit gemici büyük bir keyifle, "Yazık!" demiş. "Desene ömrünün tamamı boşa gitti. Böyle giderse gemi bu girdaptan kurtulmaz, batar!"

ÜÇ ÖĞÜT

"Öğüt ehlinden gelen mücevher gibidir. Dinle! Taş
kalma! Taş, taşlıktan çıkıp yok olmadıkça,
mücevher olup yüzüğe takılır mı hiç?"

&

Adamın biri, bir kuşa tuzak kurmuş; onu faka bastırıp yakalamış. Kuş kurtulmak için bir yol aramış. Kendisini yakalayan adama demiş ki:

"Ey ulu hoca! Sen nice öküzler, koyunlar yedin; nice develer kurban ettin. Hiçbir zaman onlarla doymadın da, şu benim minnacık bedenimle mi doyacaksın? Beni bırak da sana üç öğüt vereyim; vereyim de bil bakalım; akıllı mıyım, aptal mı? Sana bu üç öğüdün birincisini elimdeyken, ikincisini şu damın üstündeyken vereceğim. Üçüncüsünü de ağacın dalına konunca söyleyeceğim. Bilesin ki, bu üç öğüde kulak verirsen bahtın da açık olacaktır."

Adam, kuşu ister istemez dinlemiş. Ne söyleyeceğini de merak etmiş. Kuşa, "Peki!" der gibi bakmış. Kuş, adamın bu halini görünce tekrar dillenmiş:

"Elindeyken söyleyeceğim söz şu: Olmayacak şeye, kim söylerse söylesin inanma!"

Bu söz, adamın hoşuna gitmiş. Diğer öğütleri de merak ediyormuş. Kuşu gönülsüzce serbest bırakmış. Kuş uçup damın üstüne konmuş. Hemen ikinci öğüdü söylemiş: "Geçmiş gitmiş şey için üzülme, ona özlem duyup da kendini paralama."

İkinci öğüdü söyleyen kuş uçup ağacın en yüksek dalına konmuş. Merakla kendisini izleyen adama demiş ki: "Biliyor musun? Benim içimde, on dirhem ağırlığında, eşi bulunmaz bir inci vardı. Eğer beni bırakmasaydın, o inci seni büyük bir servete kavuşturacaktı. Sen de, oğulların da zengin olacaktınız. Fakat kısmetin değilmiş, dünyada eşi bulunmayan inciyi kaçırdın..."

Adam bu sözleri duyunca kıvranmaya, saçını başını yolmaya, inlemeye, ah vah etmeye başlamış. Adamın feryadını duyan kuş tekrar konuşmuş:

"Biraz önce ben sana, 'Geçmiş gitmiş şey için üzülme, ona özlem duyup da kendini paralama!' diye öğüt vermedim mi? Geçti gitti, ne diye dövünüp durur da kendini paralarsın? Ya öğüdümü anlamadın yahut da sağırsın! Ayrıca sana birinci öğüdümde, 'Olmayacak şeye, kim söylerse söylesin inanma!' demedim mi? Be adam, ben üç dirhem ağırlığında bile değilim, içimde on dirhemlik inci nasıl bulunur?"

Adam, kuşun bu sözlerinden sonra kendine gelmiş. Aptalca bir duruma düştüğünü fark etmiş. Hemen toparlanıp, "Peki..." demiş. "Hadi o üçüncü öğüdü de söyle!"

"Evet..." demiş kuş. "Önceki öğütleri pek iyi tuttun sanki. Üçüncü öğüdü de öğrenmek istiyorsun. Öyleyse kulaklarını aç da iyi dinle: Uykuya dalmış bilgisiz kimseye öğüt vermek, çorak yere tohum ekmektir."

Kuş bu öğüdü de verdikten sonra uçup gitmiş. Şaşkın adam da arkasından bakakalmış.

⌘

Bu kıssanın hikmeti odur ki,

Taraflıca araştırılıp yoklanmadan her söylenilen söze inanılmaz.

Geçmişte kaçırılan fırsatlara yanıp tutuşmak fayda sağlamaz.

Öğütten anlamayana öğüt vermek kişiyi yorar.

Beceriksizle vakit geçirmek, ilgi ve çaba sarf etmek boşunadır.

Harcanan vakit, kayıp zamandır.

Halden anlamayan, uyanık olmayan saf ve şaşkınlar asla bir adım öteye gidemezler.

GÖNÜL AYNASI

"Aynada bir şekil görürsün hani,
senin şeklindir o, aynanın değil.
İyi düşünmek için güzel görmek gerek.
Güzel görmenin yolu, gönül aynasını
bulandırmamaktır. "

❧

Padişahın sarayındaki Çinli ressamlar, "Biz Türk ressamlarından daha iyi, daha hünerli ressamlarız!" iddiasında bulunurlar. Türk ressamlar ise, "Bizim resimdeki ustalığımız sizden daha üstündür!" derler.

Bunun üzerine padişah bir gün, "İddianızda hanginiz haklısınız? Bunu anlamak için sizi imtihan edeceğim!" der.

Çinli ressamlar ile Türk ressamlar yarışmaya girişirler. Fakat Türk ressamlar bu yarışmadan çekinir gibi olurlar. Çinliler der ki:

"Padişahım! Bize özel bir oda veriniz, biz o odada çalışalım. Bir oda da Türklerin olsun."

Kapıları karşılıklı iki oda vardır. Odalardan birini Çinliler alır, birini de Türklere verirler. Çinliler padişahtan yüzlerce çeşit renkte boya isterler. Padişah onların isteklerinin hepsini yerine getirir.

Türk ressamlar ise, "Ne resim ne de boya bizim işimize yarar. Bize sadece pas giderici nesne gerekir..." derler.

Türk ressamlar kapıyı kaparlar, duvarı cilalamaya başlarlar. Odanın kapıya karşı olan duvarını gökyüzü gibi saf, temiz ve parlak bir hale getirirler.

Padişah önce Çinli ressamların odasına girer. Çinli ressamların yaptığı resimleri görür. Onların inceliğine, güzelliğine şaşırıp kalır. Aklı başından gider. Sonra Türk ressamlarının yanına gelir. Padişah gelince Türkler iki oda arasındaki perdeyi kaldırırlar. Karşı odada Çinlilerin yaptığı resimler ve nakışlar bu odanın cilalanmış duvarına daha parlak bir şekilde yansır. Padişah Çinliler tarafında ne görmüşse, bu odada ondan daha iyisini, daha güzel görür. Resimler öyle canlı öyle güzeldir ki insanın gözünü almaktadır.

Bunu gören padişah, Türk ressamları daha başarılı bulur ve tebrik eder.

❧

Bu kıssanın hikmeti odur ki,
Bazı insanların gönülleri ayna gibidir, her görüntü hakikate yansır.
Bazı insanların gönülleri paslı teneke gibidir. Her görüntü pastan küflü küflü dökülür.
Gönüllerini ilahi aynaya tutanlarsa her daim hoşluk içindedirler.

ASIL YİĞİTLİK SEVGİDE

"Nefret en kolayı. Sevgi en tatlısı.
Yiğitlik bilek işi değil yürek işidir.
Yüreğini sevgi ile yiğit kıl ki
kötülük senin sırtını yere getirmesin."

H azreti Mevlana bir gün bir yere giderken, bakmış ki iki Konya bıçkını ağız dalaşı yapıyor. Biri diğerine diyor ki: "Bana bak ülen! İbiğini bük, yoluna git! Eğer bir laf edersen, bin türlü karşılık alırsın benden ha!"
İnsanlığın piri Mevlana, patlamak üzere olan kavganın içine girerek, her ikisine de şöyle der: "Durun çocuklar, durun hele durun! Her ikiniz de ne söyleyecekseniz bana söyleyin, vuracaksanız bana vurun! Siz bin türlü laf da etseniz, benden bir tane bile ters laf işitemezsiniz! Haydin kesin şu kavgayı da sevgiye buyurun, sevgiye! Asıl yiğitlik sevgide!"

Bu kıssanın hikmeti odur ki,
Öfkeyi yenmek kahramanlıktır.
Sinirine hâkim olup kızmayan, karşısındakinin kalbini
kırmayan en büyük fatihtir.
Herkes sevebilir fakat sevgisini çoğaltıp büyüten ve
diğerleriyle paylaşan kimse en zengindir, en yiğittir.